Karriere am Campus

Lizenz zum Wissen.

Sichern Sie sich umfassendes Wirtschaftswissen mit Sofortzugriff auf tausende Fachbücher und Fachzeitschriften aus den Bereichen: Management, Finance & Controlling, Business IT, Marketing, Public Relations, Vertrieb und Banking.

Exklusiv für Leser von Springer-Fachbüchern: Testen Sie Springer für Professionals 30 Tage unverbindlich. Nutzen Sie dazu im Bestellverlauf Ihren persönlichen Aktionscode **C0005407** auf *www.springerprofessional.de/buchkunden/*

Jetzt 30 Tage testen!

Springer für Professionals.
Digitale Fachbibliothek. Themen-Scout. Knowledge-Manager.

- Zugriff auf tausende von Fachbüchern und Fachzeitschriften
- Selektion, Komprimierung und Verknüpfung relevanter Themen durch Fachredaktionen
- Tools zur persönlichen Wissensorganisation und Vernetzung

www.entschieden-intelligenter.de

Springer für Professionals

Regine Rompa

Karriere am Campus

Traumjobs an Uni und FH

2., überarbeitete und aktualisierte Auflage

Regine Rompa
Berlin, Deutschland

ISBN 978-3-658-06756-4   ISBN 978-3-658-06757-1 (eBook)
DOI 10.1007/978-3-658-06757-1

Die Deutsche Nationalbibliothek verzeichnet diese Publikation in der Deutschen Nationalbibliografie; detaillierte bibliografische Daten sind im Internet über http://dnb.d-nb.de abrufbar.

Springer Gabler
© Springer Fachmedien Wiesbaden 2010, 2015
Das Werk einschließlich aller seiner Teile ist urheberrechtlich geschützt. Jede Verwertung, die nicht ausdrücklich vom Urheberrechtsgesetz zugelassen ist, bedarf der vorherigen Zustimmung des Verlags. Das gilt insbesondere für Vervielfältigungen, Bearbeitungen, Übersetzungen, Mikroverfilmungen und die Einspeicherung und Verarbeitung in elektronischen Systemen.
Die Wiedergabe von Gebrauchsnamen, Handelsnamen, Warenbezeichnungen usw. in diesem Werk berechtigt auch ohne besondere Kennzeichnung nicht zu der Annahme, dass solche Namen im Sinne der Warenzeichen- und Markenschutz-Gesetzgebung als frei zu betrachten wären und daher von jedermann benutzt werden dürften.
Der Verlag, die Autoren und die Herausgeber gehen davon aus, dass die Angaben und Informationen in diesem Werk zum Zeitpunkt der Veröffentlichung vollständig und korrekt sind. Weder der Verlag noch die Autoren oder die Herausgeber übernehmen, ausdrücklich oder implizit, Gewähr für den Inhalt des Werkes, etwaige Fehler oder Äußerungen.

Gedruckt auf säurefreiem und chlorfrei gebleichtem Papier

Springer Fachmedien Wiesbaden ist Teil der Fachverlagsgruppe Springer Science+Business Media
(www.springer.com)

Für meinen Bruder Johannes für Plan B

Vorwort zur 2. Auflage

Als meine Lektorin von Springer Gabler auf die Idee kam, „Karriere am Campus" in die 2. Auflage zu schicken, war mir zuerst ein bisschen mulmig zumute: Das Buch steckte voller Statistiken. Daran, wie sich diese seit Erscheinen der ersten Auflage vor vier Jahren verändert hatten, würde sich ein bedeutender Teil der Hochschulentwicklung der letzten Jahre nachvollziehen lassen. Doch in welche Richtung würde diese Entwicklung gehen?

Eine positive Entwicklung war z. B., dass sich der Prozentsatz der Stipendiaten in Deutschland seit Erscheinen der ersten Auflage tatsächlich verdoppelt hatte (von 2 auf 4 Prozent der Studierenden). Außerdem gab es mittlerweile seit 2012 auch für einige deutsche Nachwuchswissenschaftler einen Tenure Track: An der TU München können sich Wissenschaftler ohne Habilitation nach dem amerikanischen Modell als „Assistant Professor" bewerben. Bewähren sie sich in dieser Stelle, steigen sie mit der Zeit zum „Associate Professor" und schließlich zum „Full Professor" auf.

Zuvor gab es schon an einigen Universitäten, z. B. in Berlin, die Möglichkeit über eine Juniorprofessur in eine unbefristete, langfristige Stelle einzusteigen; für den Großteil der Juniorprofessoren gab und gibt es diese Möglichkeit allerdings immer noch nicht. So haben nach Angaben der Deutschen Gesellschaft für Juniorprofessoren e. V. (DGJ) rund 59 (!) Prozent der Juniorprofessoren, deren Professur nach sechs oder mehr Jahren im Laufe des Jahres 2014 endet, keine Aussicht auf eine weitere Beschäftigung! „Die Berufungs- und Berufschancen des wissenschaftlichen Nachwuchses sind mithin objektiv schlechter als vor zehn Jahren"[1], fasst auch der Hochschulverband auf seiner Webseite zusammen. Und: „Wer den Sprung auf eine Professur in Deutschland verpasst, hat in der Universität kaum noch Berufschancen. Stellen als unbefristete wissenschaftliche Mitarbeiter sind selten. Unvollendete akademische Karrieren führen stattdessen in ein Nischendasein als oftmals unbezahlter Lehrbeauftragter."[2] An diesen Beispielen zeigt sich bereits, dass das deutsche Hochschulsys-

---
1 http://www.hochschulverband.de/cms1/878.html; zugegriffen am 25.07.2014.
2 Ebenda.

tem derzeit stark in Bewegung ist – eine Bewegung, die nicht nur eine Richtung hat. Eine Karriere am Campus bleibt damit in jedem Fall ein riskantes Vorhaben.

Entgegen der genannten Aussichten verfolgten allerdings ausnahmslos alle meiner ehemaligen Interviewpartner, zu denen ich für die 2. Auflage wieder Kontakt aufnahm, nach wie vor ihre wissenschaftliche Karriere. Doch damit nicht genug: Alle Interviewpartner waren seit Erscheinen der ersten Auflage auf der Karriereleiter aufgestiegen und hatten ihre berufliche Situation verbessert. Viele schienen „angekommen" zu sein. Dieses positive Ergebnis freut mich riesig!

In diesem Sinn hoffe ich, dass Sie dieses Buch bei Ihren Plänen einer Karriere am Campus nicht nur mit vielen wichtigen Informationen versorgt, sondern Ihnen auch etwas Mut macht, Ihren Weg zu gehen. Nach Angaben des Centrums für Hochschulentwicklung (CHE) werden zwischen 2012 und Ende des Jahres 2014 übrigens ca. zwei Fünftel der Universitätsprofessoren in den Ruhestand gehen. Nach Berechnungen des Wissenschaftsrats sollte dadurch ein Zusatzbedarf von etwa 4.000 Professorenstellen entstehen, die in den kommenden Jahren neu besetzt werden müssen und somit auch andere Positionen frei werden lassen. Bleiben Sie also am Ball, wenn eine Hochschulkarriere das ist, wovon Sie träumen. Ich wünsche Ihnen alles Gute!

Berlin, 25.07.2014   Regine Rompa

PS: Der besseren Übersicht halber wurden die Interviews in der 2. Auflage in den Anhang verschoben. In den Interviews aus der ersten Auflage (2010) erfahren Sie Hintergründe zu ganz verschiedenen Positionen an der Hochschule, die die Interviewpartner damals innehatten. Den neuen Interviews 2014 können Sie entnehmen, wie sich die Karrieren dieser Personen in den letzten vier Jahren weiterentwickelt haben und was sie die Erfahrung dabei gelehrt hat.

Vorwort zur 1. Auflage

Zu Beginn des Hauptstudiums hatte ein Freund die Idee, nach dem Abschluss zu promovieren. Die Gründe dafür waren vielfältig und nachvollziehbar: drei Jahre – so lange dauert die Promotion üblicherweise in den Geisteswissenschaften – Verzögerung des Berufslebens mit allem, was das Studentenleben zu bieten hat, trotzdem Statuszuwachs durch die beiden berüchtigten Buchstaben, die man am Ende zur Belohnung erhält, und nicht zuletzt die Aussicht darauf, vielleicht weiterhin an der Uni bleiben zu können.

Er meldete sich also beim Professor seiner Wahl zur Sprechstunde an. Das Gespräch war kurz.

„Promovieren wollen Sie bei mir also? Dazu müssen Sie sich aber erst einmal an mir materialisieren!"

Materialisieren? Wir rätselten lange Zeit, was genau er sich darunter vorzustellen hatte. Dahinter gekommen sind wir bis heute nicht. Weil mein Freund dennoch wenig Lust zu diesem Vorgang verspürte, ließ er es bei der ersten Sprechstunde bewenden.

Diese kleine Geschichte zeigt, wie uneben, vage und undurchsichtig der Weg zur Hochschulkarriere oft erscheint. Viele Studenten haben den Eindruck, dass die Lehrenden die Geheimniskrämerei noch zusätzlich entfachen, indem sie sich in ihrer Rolle als Hierarchiehöhere gefallen und Karrieremöglichkeiten personalisieren, als würde es von ihrem Gutdünken abhängen, welcher Student an der Uni oder FH bleiben darf.

Natürlich wird Ihnen niemand einen Stundenplan aushändigen, auf dem nach Prioritäten geordnet die wichtigsten Aufgaben zum Abhaken verzeichnet sind, die zwischen Ihnen und Ihrer Zukunft als Dekan[3] stehen. Niemand außer diesem Ratgeber!

---

3 Der Ratgeber verzichtet aufgrund der einfacheren Handhabung auf die weiblichen Endungen der Berufsbezeichnungen. Dennoch sind Frauen selbstverständlich ebenso angesprochen wie Männer.

Tatsächlich ist die Hochschulkarriere planbar. Ich behaupte das nicht, um Ihnen falsche Hoffnungen zu machen, sondern weil Sie mit einer guten Portion Engagement das durchsetzen können, was Sie sich vorgenommen haben.

Zunächst kommt es darauf an, eine klare Vorstellung von Ihrem Ziel zu entwickeln: Es gibt überraschend viele Stellen zwischen Hilfswissenschaftler (Hiwi) und Universitätsdirektor. Studieren Sie die Karrierewege wie eine Landkarte. Sie werden sehen: Die Türen zur Uni-Karriere stehen Ihnen offen!

Dieses Buch wendet sich an jeden Leser, der sich mit dem Gedanken an eine Hochschulkarriere beschäftigt. Sie erfahren, welche Stellen es an Universität und Fachhochschule gibt und wie Sie diese erreichen können. Angefangen wird bereits bei den studentischen Hilfskraft-Posten, weil sich in der Praxis gezeigt hat, dass insbesondere Inhaber einer Hiwi- oder Tutorenstelle später zum Nachwuchswissenschaftler werden. Statt vager Andeutungen erhalten Sie einen individuell erstellten Karriereplan, dessen Ziele aus Ihren Voraussetzungen, Ihren Zukunftswünschen, Werten und Arbeitsvorstellungen abgeleitet werden.

Wie das funktioniert? Zunächst liefert Ihnen jedes Kapitel Informationen über eine bestimmte Stelle im Hochschulbereich. Um die Berufsbilder greifbarer werden zu lassen, können Sie in den abgedruckten Interviews Einzelheiten von Betroffenen erfahren. Hinter den Beschreibungen finden Sie Tests und Checklisten, anhand derer Sie überprüfen können, ob diese Stelle Ihren persönlichen Vorstellungen von einem Traumjob entspricht. Arbeiten Sie zum Beispiel lieber im Team oder alleine? Forschen oder lehren Sie lieber? Wie wichtig ist Ihnen eine gute Bezahlung? Hier finden Sie die Hochschulkarriere, in der Sie sich am wohlsten fühlen. In jedem Kapitel gibt es außerdem Extra-Tipps sowie Links, unter denen Sie weiter recherchieren können. Vor Ihnen mag ein langer Qualifikationsweg liegen, doch es ist die beste Ausbildung, die Sie bekommen können!

Ich wünsche Ihnen viel Spaß beim Planen und natürlich viel Erfolg!

München, Januar 2010   Regine Rompa

Inhalt

Vorwort zur 2. Auflage	7
Vorwort zur 1. Auflage	9
1. Erste Schritte während des Studiums	**13**
1.1 Studentische Hilfskraft	13
1.2 Stipendiat	22
1.3 Netzwerken	33
2. Promotion als Eintrittskarte in die Wissenschaft	**35**
2.1 Wissenswertes	35
2.2 Wissenschaftlicher Mitarbeiter	47
2.3 Stipendiat	51
2.4 Eigenfinanzierung	55
3. Arbeitserfahrung für den Postdoc	**59**
3.1 Wissenswertes	59
3.2 Stellen im Inland	65
3.3 Stellen im Ausland	71
4. Ankommen und Weitergehen: Auf dem Weg zur Habilitation	**75**
4.1 Wissenswertes	75
4.2 Wissenschaftlicher Angestellter	81
4.3 Mitarbeiter im Beamtenverhältnis	84
4.4 Privatdozent	89
5. Freiheit auf Zeit: Position Nachwuchsgruppenleiter	**93**
5.1 Wissenswertes	93
5.2 Berufsaussichten	100
6. Abkürzung Juniorprofessur?	**103**
6.1 Wissenswertes	103
6.2 Berufsaussichten	108

7. Professor: Wen(n) der Ruf ereilt _____ 111
   7.1 Wissenswertes _____ 111
   7.2 Der Dschungel der Professorenämter _____ 117
   7.3 Aufstiegsmöglichkeiten nach der Professorenstelle _____ 121
8. Auf Seitenwegen: Quereinstieg aus der Praxis _____ 125
   8.1 Lehrbeauftragter _____ 125
   8.2 Lehrkraft für besondere Aufgaben _____ 127
9. Karrieretriebwerk Ausland _____ 131
   9.1 Wissenswertes _____ 131
   9.2 Programme _____ 140
   9.3 Rückkehrmöglichkeiten _____ 145
10. Hochschulen in Deutschland _____ 151
   10.1 Organisation und Aufbau _____ 151
   10.2 Politische Entscheidungsträger und Einflüsse _____ 153
   10.3 Hochschulkarriere als Frau _____ 159

Danke _____ 165
Anhang A: Grafik: Wege in die Wissenschaft _____ 166
Anhang B: Interviews 2010 _____ 167
Anhang C: Interviews 2014 _____ 195
Anhang D: Weiterführende Adressen und Websites _____ 211
Literaturverzeichnis _____ 221
Die Autorin _____ 225

1. Erste Schritte während des Studiums

1.1 Studentische Hilfskraft

Aus der aktuellen Sozialerhebung des Bundesministeriums für Bildung und Forschung (BMBF) geht hervor[1], dass derzeit 29 Prozent der Studenten neben dem Studium als studentische Hilfskraft (Hiwi) arbeiten. Damit steht der Hiwi-Job nach diversen Tätigkeiten, die unter „Aushilfskraft" zusammengefasst werden, an zweiter Stelle der von Studenten ausgeübten Tätigkeiten. Sehen wir uns an, was es mit der so beliebten Stelle auf sich hat.

Studentische Hilfskräfte (SHK), im Volksmund Hiwis, sind an der Hochschule immatrikulierte Studenten, deren Aufgabe es ist, Forschung, Lehre und Service zu unterstützen. Sie arbeiten dabei oft eng mit anderem Hochschulpersonal zusammen.

Der **Forschungs-Hiwi** ist im Stereotyp ein emsig durch die Gänge huschender, vergeistigter Student mit Tätigkeitsbereich in der Forschung, die an ein konkretes Projekt gebunden sein kann. Er kann aber auch allgemeine Zuarbeiten für einen Dozenten oder Professor leisten, z. B. komplexe Fragestellungen recherchieren, Daten sammeln, Literatur und Statistiken suchen, kopieren, korrekturlesen, Labortätigkeiten und nicht zuletzt organisatorische Aufgaben übernehmen.

Der **Tutor** unterscheidet sich vom Forschungs-Hiwi durch den Lehrbetrieb. Im Stereotyp heißt das, dass er auf dem Campus auch nach links und rechts sehen muss, um sich stets davon zu überzeugen, dass auch jeder verstanden hat, was er auszudrücken bemüht war. Die Beschäftigung des Tutors gipfelt in den Tutorien oder Übungen, Veranstaltungen im Lehrbetrieb, in denen der Tutor Studenten, meist aus den unteren Semestern, Unterstützung bei den Seminaren anbietet. Für ein Seminar

---

[1] BMBF (Hrsg.): Die wirtschaftliche und soziale Lage der Studierenden in Deutschland 2012. 20. Sozialerhebung des Deutschen Studentenwerks durchgeführt durch das HIS-Institut für Hochschulforschung. S. 47. Online veröffentlicht auf http://www.bmbf.de/pubRD/20._Sozialerhebung.pdf, zugegriffen am 21.07.2014.

wird üblicherweise ein Tutorium von zwei Semesterwochenstunden angesetzt, in dem die Themen des Seminars nachbearbeitet, Fragen beantwortet oder vertiefende Exkurse angeboten werden. Oft genießen die Tutoren große Freiheit bei der Gestaltung ihres Unterrichts.

Hiwis, die weder forschen noch lehren, können Sie im Servicebereich Ihrer Hochschule finden. Hierzu gehören meist die Aufsicht in der Seminarbibliothek, Beschäftigungen im Uni-Rechenzentrum und Computertätigkeiten im Fachbereich. Manchmal wird auch im Sekretariat ein Hiwi für organisatorische Tätigkeiten eingestellt.

Im Jahr 2011 gab es in Deutschland mehr als 100.000 studentische Hilfskräfte.[2] Sie waren vor allem in Forschung und Service beschäftigt. Damit sind studentische Hilfskräfte nach wie vor die zahlenmäßig häufigste Beschäftigungsform an den Hochschulen.

Zwei Seiten einer Medaille

Doch bevor Sie Ihre Bewerbungsmappe ins Sekretariat Ihres Fachbereichs tragen, soll Ihnen auch die Kehrseite der Medaille nicht vorenthalten werden: Trotz der Beliebtheit bei den Studenten und der nachgewiesenen beachtlich höheren Chancen auf ein späteres Promotionsangebot sind die SHK-Stellen stark umstritten. Es gibt eine Reihe von Nachteilen, mit denen ich Sie im Folgenden vertraut machen möchte. Ihr Ziel möchte ich Ihnen damit keinesfalls ausreden. Doch Sie sollen wissen, worauf Sie sich einlassen!

Als ein Nachteil der Hiwi-Jobs wird von Betroffenen oft die mangelnde Planungssicherheit genannt: Weil die Stellen häufig nur auf ein paar Monate begrenzt sind (Ausnahme Berlin: mindestens 2 Jahre) und nach Ablauf der Frist nicht verlängert werden müssen, eignen sie sich weniger für Studenten, die auf den Zuverdienst angewiesen sind. Das benachteiligt den Großteil der Studenten ...

Darüber hinaus steht der geringe Verdienst nach wie vor in der Diskussion. Für Hiwis ohne Abschluss liegt der Lohn pro Stunde in der Regel bei ca. 8 Euro. Mit einem Bachelor erhöht sich der Stundenlohn auf etwa

---

2 GEW (Hrsg.): Ratgeber. Studentische und wissenschaftliche Hilfskräfte an Hochschulen. Frankfurt/Main, 2011. S. 5.

10 Euro; wer einen höheren Abschluss hat, bekommt üblicherweise um die 13 Euro pro Stunde. An Fachhochschulen und Universitäten im Osten Deutschlands fallen die Stundenlöhne tendenziell immer noch geringer aus, wobei einzelne Hochschulen diesem Trend auch entgegenstehen.

Vielleicht werden Sie sich fragen, wie diese Löhne zustande kommen: An den Hochschulen gibt es doch Tarifverträge. Sie haben völlig recht! Mit Ausnahme des Landes Berlin sind studentische Hilfskräfte jedoch vom Tarifvertrag für den öffentlichen Dienst (TVöD) ausgeschlossen. An den Berliner Hochschulen sichert der Tarifvertrag für studentische Hilfskräfte einen Stundenlohn von 10,98 Euro. Dazu gibt es einen Anspruch auf 31 Tage Urlaub im Jahr und eine personalrechtliche Interessenvertretung für Hiwis, die Ihnen als studentische Hilfskraft Mitbestimmungsrechte zusichert. Derzeit werden auch in anderen Bundesländern Tarifgespräche geführt. Bei Drucklegung dieses Buches standen allerdings noch keine Ergebnisse fest.

Neben schlechter Bezahlung sollten Sie sich auf unsichere Arbeitsbedingungen einstellen. Eine Vertragslaufzeit von unter sechs Monaten ist die Regel, wobei einige Hiwis im persönlichen Gespräch berichteten, überhaupt keinen schriftlichen Vertrag bekommen zu haben und nur auf Basis mündlicher Vereinbarungen tätig zu sein. Tutoren werden normalerweise nur für die Vorlesungszeit eingestellt. Oft, so zeigt die GEW-Studie, werden Hiwi-Verträge allerdings verlängert.

Bemühen Sie sich bei Interesse an einer Hiwi-Stelle auf jeden Fall, einen schriftlichen Vertrag zu erhalten. Er sollte Beginn und Ende der Beschäftigung genau festlegen und Angaben zu Arbeitsinhalten, Arbeitszeit, Arbeitsort, Arbeitsentgelt, Urlaubsdauer und Kündigungsfristen enthalten. Scheuen Sie sich nicht, nachzuhaken, wenn der schriftliche Vertrag bei Beschäftigungsbeginn noch nicht vorliegt: Obwohl Verträge rein rechtlich auch mündlich geschlossen werden dürfen, haben Sie bei befristeten Verträgen immer ein Anrecht auf eine schriftliche Vereinbarung.

In Bezug auf Urlaub und Lohnfortzahlung im Krankheitsfall gelten die gesetzlichen Mindeststandards. Derzeit sind bei einer Vollzeitbeschäftigung mindestens 24 Tage Urlaub gesetzlich vorgeschrieben. Berliner Hiwis erhalten 31 Urlaubstage. Bei Teilzeitbeschäftigungen ist der Urlaubsanspruch anteilig zu berechnen. Im Krankheitsfall muss der Arbeitgeber sofort informiert werden und spätestens am vierten arbeitsunfähigen Arbeitstag ein Arztattest vorgelegt werden. In diesem Fall wird der Lohn bei Krankheit bis zu sechs Wochen lang fortgezahlt. In Gesprächen berichteten Studenten, dass sie von ihren Professoren dazu aufgefordert wurden, ihre durch Krankheit nicht geleisteten Stunden nachzuholen. Dazu sind Sie keinesfalls verpflichtet.

Was Sie sich außerdem durch den Kopf gehen lassen sollten, bevor Sie die Bewerbung eintüten, betrifft das Verhältnis zu Ihrem Professor. Wie stehen Sie zu ihm?

Durch die Stelle als studentische Hilfskraft wird sich ein doppeltes Abhängigkeitsverhältnis ergeben. Von nun an wird derjenige, der Ihre Klausuren benotet – falls das nicht durch seine Hiwis erledigt wird –, gleichzeitig Ihr Chef sein. Das muss sich keinesfalls negativ auswirken. Das Gegenteil ist sogar wahrscheinlich. Auf jeden Fall sollten Sie sich diesen Fakt jedoch vorher bewusst machen.

❶ Tipp:
> Sie möchten etwas unternehmen, um die Nachteile der Hiwi-Jobs auszumerzen? Die Gewerkschaft Erziehung und Wissenschaft (GEW) setzt sich für bundesweite Tarifverträge auch für Hiwis ein. Unter www.gew.de finden Sie weitere Informationen.

Trotz aller Nachteile gibt es eine überzeugende Antwort auf die Frage „Warum dennoch Hiwi?": weil es sich für Ihre spätere Karriere lohnt und sich somit oft langfristig auszahlt! Willkommen bei den Vorteilen einer Stelle als studentische Hilfskraft!

SHK: Schritt höher auf der Karriereleiter

Betrachten wir zunächst die offensichtlichen Vorteile: Als SHK arbeiten Sie an der wohl engsten Bezugsstelle zu Ihrem Studium. Wenn Sie Ihr Fach aus persönlicher Neigung studieren, werden Sie ihm in Ihrer jetzigen Situation nirgends näher kommen als mit diesem Job. Im Idealfall haben Sie durch den Posten die Möglichkeit, sich über das Studium hinaus zu qualifizieren. Ein Professor, sonst in der Hochschullandschaft der

Massenfächer ein größtenteils nur von weitem erkennbares Phänomen, wird Sie aus der Nähe und ganz persönlich fördern.

Auch die Hemmschwelle zur späteren Wahl des Hochschulwegs entfällt: Mit Ihrem Hiwi-Vertrag gehören Sie schon zum Wissenschaftsbetrieb dazu.

Zu den messbaren Fakten: Studentische Hilfskräfte wechseln ihr Fach wesentlich seltener als ihre Kommilitonen ohne SHK-Stelle. Sie sind außerdem zufriedener mit der Betreuung durch die Lehrenden. Die meisten der Hiwis berichten von einem angenehmen Arbeitsverhältnis. Außerdem ist die Zahl der Promotionen unter den früheren Inhabern einer Stelle als studentische Hilfskraft wesentlich höher als unter den anderen Studierenden. Mit einer Hiwi-Stelle steigern Sie also Ihre Chancen auf die Uni- oder FH-Karriere.

Trotz der schlechten Erwerbsquellfunktion stecken also eine Menge Chancen in einer Entscheidung für den SHK-Posten.

❶ Tipp:

Achten Sie beim Hiwi-Job Ihrer Wahl darauf, dass die Tätigkeit für die Ausbildung Ihrer wissenschaftlichen Fähigkeiten relevant ist. Kaffeekochen hilft Ihnen nicht weiter. Wenn es Ihr Ziel ist, nur irgendeinen Nebenjob an Land zu ziehen, ist es ratsam, außerhalb der Hochschule zu suchen. Beim SHK-Job rangiert die zusätzliche Qualifizierungsmöglichkeit vor dem Geldverdienen.

Stehen Sie der Hiwi-Stelle wieder versöhnter gegenüber? Im Folgenden erfahren Sie, wie Sie an einen solchen Job herankommen. Möchten Sie nicht zur Hiwi-Gruppe gehören, so verpassen Sie nichts, wenn Sie in Kapitel 1.2 weiterlesen.

Erfolgsfaktoren bei Ihrer Bewerbung

„Beziehungen sind alles." Das haben Sie schon hundertmal gehört. Vielleicht ist es sogar ein Grund dafür, dass Sie Hiwi werden möchten. Doch die Statistik enthüllt: Um sich als Hiwi Beziehungen zu erarbeiten, sollten Sie im Idealfall bereits die richtigen Beziehungen mitbringen: Vor allem in den Geisteswissenschaften ist die Ansprache durch den Professor das wesentliche Einstellungskriterium.

> **❶ Tipp:**
> Sie ärgern sich über die Bedeutung von Vitamin B? Sehen Sie noch einmal hin: Genau das ist Ihre Chance! Bewerben Sie sich, denn welche Ausgangslage könnte besser sein als die, in der die Konkurrenz tatenlos wartet, bis sie vom gewünschten Arbeitgeber angesprochen wird? Sie könnten offene Türen einrennen ...

Die häufigste Eintrittszeit in eine SHK-Stelle ist übrigens in der Mitte des Studiums. Das heißt nicht, dass Sie sich am Ende nicht mehr bewerben dürfen, Sie sollten allerdings überlegen, ob Sie kurz vor dem Studienabschluss noch die Zeit dafür haben. Zu Beginn des Studiums eignet sich die Hiwi-Stelle meist durch Ihren geringen Erfahrungsschatz nicht.

Halten wir fest, wie Sie vorgehen sollten:

1. Sehen Sie auf der Webseite Ihres Instituts und am Schwarzen Brett nach, ob Hiwi-Stellen ausgeschrieben sind. Wenn ja, folgen Sie dem dort genannten Bewerbungsprozedere.

2. Nutzen Sie aktiv Ihre bestehenden Beziehungen: Hören Sie sich bei Kommilitonen und anderen Hiwis um und fragen Sie nach, wo eine Stelle frei wird.

3. Sprechen Sie den Professor Ihrer Wahl direkt an. Bereiten Sie sich vorher gut auf das Gespräch vor. Was wollen Sie erreichen? Treten Sie als jemand auf, der über wertvolle Ressourcen verfügt. Sie sind kein Bittsteller, also seien Sie selbstbewusst. Der Professor wird sich über Ihre Eigeninitiative sicher freuen. Wenn er selbst keine freie Stelle hat, ist es übrigens nicht zu aufdringlich, wenn Sie nachhaken, ob er einen Kollegen kennt, der vielleicht gerade jemanden sucht. Natürlich können Sie auch Ihre Daten für spätere Semester dalassen. Dem Professor erleichtert es eine Menge Arbeit, wenn er beim nächsten Mal nicht mehr darüber nachdenken muss, wen er einstellen könnte. Falls Ihr Professor chaotisch ist (erkennbar am Schreibtisch-Ablagesystem nach dem Vorbild Müllhalde), kündigen Sie an, dass Sie sich nach einiger Zeit wieder per E-Mail ins Gedächtnis rufen werden.

4. Achten Sie auf Aushänge im Fachbereich. Wenn Sie keine finden, fragen Sie im Sekretariat nach, ob in nächster Zeit Stellen frei werden.

Eingestellt – und dann?

Der erste Schritt ist geschafft: Sie haben die Stelle! Legen Sie sich eine gute CD ein, trinken Sie ein Glas Rotwein mit den Mitbewohnern und freuen Sie sich. Doch erwarten Sie nicht zu viel. Eine Stelle als studentische Hilfskraft beinhaltet kein Anrecht auf Karriere, sondern sichert „lediglich" die beste Ausgangssituation. Zeigen Sie in diesem Semester, was Sie drauf haben. Sie können sichergehen, dass es jetzt auffällt. Worauf Sie besonders achten sollten:

1. Machen Sie Ihre Arbeit gut! Dieser Punkt mag selbstverständlich wirken, wird aber natürlich der Aspekt sein, der in erster Linie über Ihre weitere Karriere entscheidet. Seien Sie zuverlässig, zeigen Sie Eigeninitiative und arbeiten Sie professionell. Das zahlt sich langfristig immer aus.

2. Gegebenenfalls wird Ihnen Ihr Dozent in den kommenden Tagen Unterlagen geben, die Ihnen die Einarbeitung erleichtern und Sie bei Ihrer Tätigkeit unterstützen. Lesen Sie sich diese sorgfältig durch. Wenn Fragen auftreten, stellen Sie sie sofort. Am Anfang werden Fragen Ihrerseits sogar erwartet und sind in jedem Fall empfehlenswerter als das „learning by doing", das Sie mitunter direkt ins nächste Fettnäpfchen treten lässt.

3. Seien Sie anwesend – zumindest physisch! In der Veranstaltung, für die Sie das Tutorium geben, wird das vorausgesetzt werden. Darüber hinaus wird Ihre Anwesenheit positiv registriert.

> **❶ Tipp für den Notfall:**
> Wenn das Thema der Vorlesung Ihres Dozenten gar zu trocken ist, empfiehlt sich die stichprobenartige Anwesenheit in auffälliger Kleidung. Setzen Sie sich dann jedes Mal an einen anderen, von vorne gut sichtbaren Platz, um Ihre Anwesenheit zu demonstrieren und gleichzeitig zu verhindern, dass Sie an einem bestimmten Platz zu orten sind, dessen Leerbleiben Sie beim nächsten Mal verraten könnte.

4. Bringen Sie sich gezielt in den Hochschulalltag ein. Scannen Sie mithilfe der entsprechenden Webseite durch die Angebote an der Hochschule und an Ihrem Seminar. Bei welchen studentischen Einrichtungen könnten Sie sich engagieren? Gibt es keine für Sie geeigneten Angebote, schaffen Sie diese. Die Hochschule ist die optimale Plattform für die Umsetzung Ihrer Ideen. Einer meiner Kommilitonen gründete beispielsweise mit ein paar Freunden eine Arbeitsgemeinschaft zum Thema Tierethik und organisierte eine mehrjährige interdisziplinäre Vorlesungsreihe, zu der er Spezialisten aus der ganzen Welt einlud. Später erschien ein Buch mit Aufsätzen seiner Referenten in einem renommierten Verlag. Eine bleibende Erinnerung an der Hochschule. Er selbst ist mittlerweile übrigens an eine Hochschule in den USA gewechselt, wo er über genau dieses Thema Vorlesungen hält.

5. Last but not least: Vergessen Sie nicht den Spaß an der Sache! Lassen Sie sich nicht ausschließlich von Karriereaspekten leiten. Sie wollen an der Hochschule arbeiten und dort sind Sie. Sie haben einen Posten mit großer Freiheit, interessante Leute um sich herum und alle Abwechslung, die Sie sich wünschen. Der Spaß kann losgehen. Machen Sie was draus!

❶ Tipp:

Wenn es geht: Nutzen Sie die Gelegenheit und probieren Sie beides: klassischer Hiwi und Tutor. Diese Einteilung bildet schon die universitäre Ausrichtung in Forschung einerseits und Lehre andererseits ab. Sie werden einen wichtigen Schritt weiter sein, wenn Sie wissen, in welche Richtung Ihr persönlicher Weg gehen soll.

❷ Test: Tutor oder klassischer Hiwi – Was passt besser zu mir?

Kreuzen Sie die Antwort an, die am ehesten auf Sie zutrifft.

1. Bei meinen Kommilitonen bin ich berühmt für ...

○ a. ... mein Party-Organisationstalent.

○ b. ... mein Talent, selbst kniffligste Sachverhalte aufzudecken.

- c. ... meine ungewöhnlichen, völlig verstiegenen Ideen.
- d. ... meine guten Vorlesungs-Zusammenfassungen.

2. **Wie reagieren Sie auf Rampenlicht?**
- a. mit Adrenalin und breitem Grinsen
- b. mit Schweißausbruch und Fingerzittern
- c. mit ausgeprägtem Fluchtinstinkt
- d. gar nicht. Ich kenne es nicht anders

3. **Welcher Typ beschreibt Sie am ehesten?**
- a. geschniegelt und gebügelt
- b. verratzt und abgegammelt
- c. mono-fokussiert und vergeistigt
- d. gesellig und geliebt

4. **In meinem Job möchte ich ...**
- a. ... interessante Leute kennenlernen.
- b. ... völlig aufgehen und alles um mich herum vergessen.
- c. ... am liebsten einfach meine Ruhe haben und vorwiegend allein und mit Gleichgesinnten speziellen Fachfragen nachhängen.
- d. ... anderen etwas von meinem Wissen weitergeben.

5. **Welcher Tag war gestern?**
- a. .Kann ich ohne nachzugucken exakt angeben.
- b. Ähm ...
- c. .Juli?
- d. .Letztes Jahr war dieses Datum ein Montag.

Zählen Sie, für welchen Buchstaben Sie sich am häufigsten entschieden haben und lesen Sie nach der kleinen Additionsübung die entsprechende Auflösung. Wenn Sie zu zwei identischen Ergebnissen kommen, lesen Sie beide Auflösungen.

A + D =	B + C =
A + D am häufigsten angekreuzt	**B + C am häufigsten angekreuzt**
Willkommen unter den Tutoren! Sie wissen, wie man Leute bei Laune hält. Wenn Sie etwas erzählen, hängen die Menschen an Ihren Lippen. Und schon jetzt müssen Sie Ihren Freunden alles erklären, was der Dozent nicht verständlich rüberbringen kann. Sie haben gerne Gesellschaft und kein Lampenfieber hinter dem Pult der großen Aula. Bewerben Sie sich auf eine Tutorenstelle. Sie haben gute Chancen!	Ein Forscher ... Erkennen Sie sich? Wenn andere aussteigen, weil das Problem in der Herausforderung an den Aufstieg des Mount Everest erinnert, beginnen Ihre Augen zu leuchten. Sie lieben Ihr Fach bis ins Detail. Und wenn Sie für den Scheinerwerb die Wahl zwischen Referat und Hausarbeit hätten, würden Sie sich ohne zu zögern für Letztere entscheiden. Die klassische Hiwi-Stelle ist genau das Richtige für Sie!

1.2 Stipendiat

Während der Rest der Studenten bezahlt, um an der Uni lernen zu dürfen, wird er fürs Lernen bezahlt. Den Stipendiaten umgibt daher oft eine Aura des Exklusiven, die dadurch unterstrichen wird, dass lediglich vier Prozent der Studenten in Deutschland zu dieser Gruppe gehören.[3] Durchschnittlich bringt ein Stipendium momentan 336 Euro im Monat ein. Das macht 336 Euro, die Sie im Gegensatz zum Bafög nicht zurückbezahlen und auch nicht über einen Nebenjob hinzuverdienen müssen. So gewinnen Sie Zeit, die Sie karrierefördernd einsetzen können, beispielsweise für einen SHK-Posten (Lesen Sie hierzu Kapitel 1.1).

Neben dem finanziellen und daraus resultierend zeitlichen Vorteil sammeln Sie als Stipendiat in speziellen Veranstaltungen wichtige Erfahrungen, die Sie auf dem späteren Lebensweg insbesondere für die Hochschulkarriere nutzen können. So steht beispielsweise in speziellen

---

[3] Quelle: 20. Sozialerhebung des Deutschen Studentenwerks, http://www.sozialerhebung.de/erhebung_20/soz_20_haupt, 2012.

Sommerakademien und wissenschaftlichen Kollegs die Zusammenarbeit mit renommierten Dozenten auf dem Programm. Außerdem haben Stipendiaten bei einem der 13 vom BMBF unterstützten Förderwerke (diese werden später noch behandelt) einen Vertrauensdozenten, der sie während des Studiums begleitet und persönlichen Kontakt hält. Ein Kontakt, der später leicht auch für eine Promotion genutzt werden kann.

Doch das ist längst noch nicht alles: Spezielle Referenten aus den Geschäftsstellen der Förderwerke regen Treffen an, die den Geförderten auch inhaltlich an der Hochschule voranbringen. Die Studienberichte, die eingereicht werden müssen, helfen außerdem, das eigene Vorankommen zu strukturieren.

Sie sehen: Die Ausgangsposition für einen Stipendiaten ist wesentlich zielgerichteter als die eines durchschnittlichen Studenten ohne Stipendium. Die Nähe zur Wissenschaft ist über verschiedene Wege hergestellt, sodass dem Geförderten gleich mehrere Türen zur Hochschulkarriere offenstehen. Vom Prestige, das ein Stipendium im Lebenslauf mit sich bringt, einmal ganz abgesehen …

Eine Chance nicht nur für Hochbegabte

Umso erstaunlicher ist es, dass insbesondere private Stipendiengeber beklagen, auf ihren Geldern sitzenzubleiben, weil es nicht genügend Bewerber gibt.

Warum bewerben Sie sich nicht? Sie glauben, dass nur Hochbegabte eine Chance hätten? Dann freuen Sie sich, denn das ist ein weit verbreiteter Irrtum! Geschürt wird dieser durch die „Hochschulelite"-Diskussion, in der akademische Leistung oft als einziges Kriterium wahrgenommen wird. Ganz zu Unrecht, denn der Begriff „Elite" bezeichnet lediglich eine Gruppe, die sich vom Durchschnitt abhebt. Das tun Sie sicherlich auch!

❶ **Tipp:**
Mithilfe der Checkliste am Ende des Kapitels können Sie erarbeiten, welche Faktoren Sie für Ihren persönlichen „Elite-Quotienten" nutzen können. Damit punkten Sie bei Ihrer Stipendienbewerbung!

Fakt ist: Es zählen nicht nur die Noten. Bei vielen Stiftungen sind soziales Engagement und eine Nähe zu den Idealen der Förderer mittlerweile ebenso wichtig. Im Folgenden erfahren Sie mehr über Ihre potenziellen Geldgeber, die Träger der Stipendien sowie über deren Anforderungen.

Wählen Sie einen Geldgeber

Derzeit gibt es in Deutschland mehr als 2.000 Stipendiengeber. Die Stiftungsträger lassen sich dabei in vier Gruppen einteilen:

1. Parteinahe Stiftungen
2. Stiftungen von Wirtschaft und Gewerkschaft
3. Kirchliche Förderungswerke
4. Private Stiftungen

Zunächst sollten Sie sich fragen, welche der vier Gruppen Ihnen persönlich am nächsten steht: Haben Sie sich innerhalb einer der Gruppen bereits engagiert?

Wenn Sie Mitglied einer Partei sind, sollten Sie auf jeden Fall eine Bewerbung bei der entsprechenden **parteinahen Stiftung** wagen. Doch auch als Nicht-Mitglied könnten Sie ein möglicher Förderungskandidat sein, wenn Sie glaubhaft nachweisen können, den Idealen der Partei nahezustehen. Ein Beispiel: Wenn Sie Vorstand in einer Umwelt- oder Naturschutzorganisation sind, sollten Sie über eine Bewerbung bei der Grünen-nahen Heinrich-Böll-Stiftung nachdenken.

Die Bewerbung bei einer der **Stiftungen von Wirtschaft und Gewerkschaft,** beispielsweise der Stiftung der deutschen Wirtschaft, kommt für Sie infrage, wenn Sie besonderes Engagement in Wirtschaft und Gesellschaft aufbringen. Schrecken Sie auch aus wirtschaftsferneren Studienfächern nicht direkt vor einer Bewerbung zurück, denn es ist ein weit verbreitetes Vorurteil, dass nur wirtschaftswissenschaftliche Fachbereiche gefördert werden: Sie können sich mit jedem Studienfach bewerben.

> **❶ Tipp:**
> Gerade wenn Sie nicht ins Bild der Masse der Geförderten passen, könnten Sie besonders gute Chancen haben. So werden beispielsweise Frauen und Studenten mit Migrationshintergrund insbesondere gefördert, weil diese sich normalerweise seltener bewerben.

Eine Bewerbung bei den **kirchlichen Stipendiengebern** Cusanuswerk (katholische Kirche) und Evangelisches Studienwerk e. V. Villigst (evangelische Kirche) können Sie vorwiegend ins Auge fassen, wenn Sie kirchlich engagiert sind. Beide Träger weisen zwar daraufhin, dass begründete Ausnahmen möglich sind, Sie sollten sich dann allerdings auf sehr gute Argumente für Ihre Wahl berufen können.

Die Gruppe der **privaten Stiftungen** hat einen vergleichsweise kleinen Förderpool. Doch gerade hier bleiben Fördergelder ungenutzt, weil viele Studenten nicht über das Bestehen der jeweiligen Stiftungen informiert sind.

Testen Sie selbst: Sagt Ihnen der Studienfonds Ostwestfalen-Lippe etwas? Und wie steht es mit der Alfred Töpfer Stiftung T. V. S.? Bei Ersterem handelt es sich um ein Kooperationsprojekt von fünf Hochschulen, das Fördergelder für die eigenen Studenten vergibt, bei Letzterem um die Stiftung des gleichnamigen Hamburger Kaufmanns und Landwirts zur Förderung auf den Gebieten Kultur, Wissenschaft, Bildung und Naturschutz.

Insbesondere wenn Sie ein Studium ausüben, das den Weg zu einem aktuell gesuchten Beruf in der freien Wirtschaft bereitet, empfiehlt sich außerdem ein Blick auf die Förderungen, die manche Unternehmen vergeben. Volkswagen, ThyssenKrupp, Siemens, Deutsche Telekom Stiftung und Bayer sind nur einige der vielen Anbieter von Stipendien.

> **❶ Tipp:**
> Wenn Sie an eine Bewerbung bei einem Stipendiengeber aus der freien Wirtschaft denken, sollten Sie im Hinterkopf behalten, dass das Unternehmen darauf abzielt, Ihre Arbeitskraft später einsetzen zu können. Klären Sie daher ab, ob Ihre geplante Hochschulkarriere dem Stipendium nicht im Wege steht.

Die wichtigsten Begabtenförderungswerke im Überblick

Bei den folgenden Begabtenförderungswerken handelt es sich um die 13 vom BMBF unterstützten Stiftungen. Die Förderleistungen werden einheitlich berechnet und liegen aktuell bei maximal 670 Euro im Grundstipendium sowie 1.050 Euro im Promotionsstipendium. Zusätzlich gibt es für alle Stipendiaten ein einheitliches Büchergeld von 300 Euro im Monat. Der individuelle Satz wird im Grundstipendium nach dem Verdienst der Eltern berechnet.

Neben der finanziellen Förderung weisen alle der genannten Förderungswerke ein umfassendes Seminarangebot auf sowie die Beratung durch Vertrauensdozenten und Referenten aus der jeweiligen Geschäftsstelle. Oft wird außerdem die Vermittlung von Auslandsaufenthalten und Praktika angeboten.

❶ Tipp:
> Seit 2010 gibt es außerdem das Deutschlandstipendium, das aktuell (2014) schon 19.740 Studierende fördert und in den kommenden Jahren noch wesentlich ausgebaut werden soll. Geplant ist, dass bis 2017 bis zu 2 Prozent aller Studierenden über dieses Programm gefördert werden. Die Auswahlverfahren finden direkt in den Hochschulen statt. Mehr Infos auf www.deutschlandstipendium.de.

Name der Stiftung	Anzahl der geförderten Studenten	Voraussetzungen
Studienstiftung des deutschen Volkes	ca. 12.000	Vorschlag durch die Universität bzw. Begabungstest für Studierende im 1. und 2. Semester (Anmeldung über die Webseite), überdurchschnittliche Begabung, Leistungsstärke, eine tolerante Persönlichkeit und soziale Verantwortung
Konrad-Adenauer-Stiftung	ca. 2.700 Studenten in der Studienförderung plus ca. 500 Studenten in der Promotionsförderung	Überdurchschnittliche Begabung, Leistungsbereitschaft und Engagement im politischen, sozialen, kirchlichen oder kulturellen Bereich, ideelle Nähe zur CDU
Friedrich-Ebert-Stiftung	ca. 2.400	Überdurchschnittliche Begabung, gesellschaftspolitisches Engagement, insbesondere Einkommensschwache und Bewerber mit Migrationshintergrund, die SPD-nahe Stiftung setzt Nähe zu den Grundwerten der sozialen Demokratie voraus
Hans-Böckler-Stiftung	ca. 2.200 (darin sind aber nicht nur Studenten enthalten)	Gute Leistungen und gesellschaftliches Engagement, insbesondere einkommensschwache Bewerber und Bewerber mit Berufserfahrung, Übereinstimmung mit Werten und Zielen der Gewerkschaftsbewegung

Name der Stiftung	Anzahl der geförderten Studenten	Voraussetzungen
Evangelisches Studienwerk e.V. Villigst	ca. 1.000 Studierende plus ca. 250 Promovierende	Menschen, denen Bildung, Wissenschaft und die evangelische Kirche wichtige Anliegen sind, Einstehen für die Werte Demokratie, Widerspruchstoleranz, soziale Verantwortung und die Würde des Menschen
Cusanuswerk – Bischöfliche Studienförderung	ca. 1.200	Besonders begabte katholische Studenten mit Neugierde und Kreativität, die sich aus ihrem Glauben heraus für andere einsetzen
Hanns-Seidel-Stiftung	über 1.000	Die CSU-nahe Stiftung fördert Kandidaten mit überdurchschnittlichen Schul- und Studienleistungen und gleichzeitigem gesellschaftspolitischen Engagement
Heinrich-Böll-Stiftung	ca. 1.000 (inkl. Promotionsstipendiaten)	Die Grünen-nahe Stiftung fördert Kandidaten mit hervorragenden Studienleistungen, gesellschaftspolitischem Engagement und einer aktiven Auseinandersetzung mit den Grundwerten der Stiftung: Ökologie, Gewaltfreiheit, Solidarität und Demokratie
Rosa-Luxemburg-Stiftung	ca. 1.000 (inkl. Promotionsstipendiaten)	Die der LINKEN nahestehende Stiftung fördert Kandidaten mit hoher fachlicher Leistung sowie einem ausgeprägten gesellschaftlichen und sozialen Engagement

Name der Stiftung	Anzahl der geförderten Studenten	Voraussetzungen
Stiftung der deutschen Wirtschaft	ca. 878	Leistungsstarke, gesellschaftsengagierte Studierende mit Potenzial zu Führungsaufgaben in Wirtschaft und Gesellschaft
Friedrich-Naumann-Stiftung für die Freiheit	ca. 850 (inkl. Promotionsstudenten)	Gleichgewertete Kriterien der FDP-nahen Stiftung: Hochbegabung, charakterliche Qualitäten, liberales politisches und gesellschaftliches Engagement
Ernst Ludwig Ehrlich Studienwerk	ca. 80	Das Studienwerk fördert besonders begabte jüdische Studierende und Promovierende, die sich zudem sozial engagieren
Avicenna-Studienwerk	ca. 50 (soll in den nächsten Jahren auf ca. 400 erhöht werden)	Gefördert werden talentierte und sozial engagierte muslimische Studierende und Promovierende

Erfolgstaktoren bei Ihrer Bewerbung

Sicher ist es Ihnen aufgefallen: Alle 13 großen Förderungswerke achten neben hervorragender Leistung auf gesellschaftliches Engagement. Selbst wenn Ihre Noten nicht immer ausgezeichnet sind, haben Sie hier also ein offenes Hintertürchen, wenn Sie entsprechend aktiv sind. Lohnenswert können allerdings besonders in diesem Fall Erkundigungen nach kleineren Stiftungen in Ihrer Umgebung sein. Das Studentenwerk Ihrer Universität kann Ihnen dabei behilflich sein.

Nehmen wir an, dass Sie sich entsprechend ausgiebig informiert und einen besonderen Favoriten unter den potenziellen Stipendiengebern gewonnen haben. Wie geht es jetzt weiter?

❶ Tipp:
Von einer breiten Bewerbungsstreuung bei mehreren Stiftungen sollten Sie absehen. Hier bringt nicht die Masse der Bewerbungen den Erfolg, sondern die genaue Anpassung an die Bedürfnisse Ihres Förderers. Sie wollen schließlich einmalig herausstechen und nicht in der Masse untergehen.

Die Bewerbungsmodalitäten variieren bei den verschiedenen Förderungswerken. Bei den meisten Auswahlverfahren handelt es sich um Eigenbewerbungen, das heißt, dass Sie selbst darstellen, weshalb die Stiftung sich gerade für Sie entscheiden sollte. Bei einigen Förderern ist allerdings auch der Vorschlag durch einen Dozenten notwendig.

Gehen Sie dafür in die Sprechstunde des Professors, der Sie am besten kennt. Schildern Sie sachlich Ihren Wunsch, in die jeweilige Stiftung aufgenommen zu werden. Bereiten Sie sich gut auf das Gespräch vor und zählen Sie die Argumente auf, die Sie als möglichen Kandidaten der Stiftung herausheben. Wenn Sie Arbeitszeugnisse und Nachweise für gesellschaftliches Engagement haben, bringen Sie auch diese mit. Peinlich wird Ihre Bitte um Vorschlag durch den Dozenten nur dann, wenn Sie das Gespräch nicht zielgerichtet führen und nicht in der Lage sind, genau darzulegen, was für Sie als idealen Kandidaten der Stiftung spricht. Wenn Sie sich Ihrer Argumente noch nicht sicher sind, kann Ihnen die Checkliste „Ihr Elite-Quotient" wichtige Hinweise geben.

✓ Checkliste: Ihr Elite-Quotient

Sortieren Sie mithilfe der folgenden Faktoren die Verkaufsargumente für Ihre Bewerbung!

Mein fachlicher Schwerpunkt ist:

Mein Ziel ist es:

Erreichen möchte ich dieses Ziel durch:

Exzellente Noten habe ich in:

Politisch engagiert habe ich mich bisher:

Ich bin Mitglied der Partei:

Gesellschaftlich engagiert habe ich mich bisher:

Ich helfe regelmäßig:

Schon während meiner Schulzeit übernahm ich folgende Aufgaben:

Ein besonderes Projekt, das ich einmal gestartet habe:

Ich bin Mitglied im Verein:

Ich bin Mitglied der Kirche:

Besondere Nähe habe ich zu folgendem Unternehmen:

Haben Sie Ihre Angaben gemacht? Nutzen Sie diese in Ihrer schriftlichen Bewerbung strategisch, um dem jeweiligen Förderer ein rundes und widerspruchsfreies Bild von sich zu geben, das genau in das Profil der Stiftung passt.

Wenn Ihre schriftliche Bewerbung auf Interesse der Stiftung Ihrer Wahl gestoßen ist, werden Sie in der Regel eine Einladung zum Auswahlverfahren erhalten. Informieren Sie sich dazu auf der Webseite der Stiftung nach dem genauen Ablauf. Neben Einzelgesprächen stehen oft auch

Gruppendiskussionen und Rollenspiele auf dem Stundenplan. Je genauer Sie wissen, was auf Sie zukommt, desto besser können Sie sich darauf einstimmen. Näheres zu den Bewerbungsverfahren um ein Stipendium finden Sie auch in Kapitel 2.3.

1.3 Netzwerken

Sie haben gesehen, welche Vorteile ein Posten als studentische Hilfskraft und ein Stipendium mit sich bringen können. Nichtsdestotrotz geht es auch ohne. So können ein Hiwi-Job oder ein Stipendium vieles erleichtern und einiges beschleunigen, doch wenn Sie möchten, gehen Sie Ihren Weg auch langsam und zu Fuß. Sie können Ihr Ziel trotzdem erreichen!

Ein weiterer Trost: Sie sind nicht allein. Im Gegenteil: Es gehen so viele mit, dass man glauben könnte, es sei gerade Wandertag: Mehr als jeder fünfte Student finanziert sich ausschließlich über seine Eltern und arbeitet daher weder als studentische Hilfskraft noch in einem anderen Nebenjob, noch erhält er ein Stipendium.

Doch auch diese Studenten können einiges unternehmen, um bereits während des Studiums erste Schritte in Richtung einer Hochschulkarriere zu gehen. Das Zauberwort für jedermann heißt Netzwerken. Hier finden Sie einige Möglichkeiten:

1. Bringen Sie sich möglichst viel in den Uni-Alltag ein. Übernehmen Sie organisatorische Aufgaben, halten Sie Referate und besuchen Sie die Abendveranstaltungen Ihrer Fächer, wenn Sie diese für interessant halten. Behalten Sie stets im Hinterkopf: Sie wollen neue Kontakte schließen!
2. Informieren Sie sich am Schwarzen Brett oder im Internet über Symposien, Konferenzen und Fachtagungen. Hier finden Sie Gleichgesinnte und kommen leicht ins Gespräch. Vergessen Sie nicht, Ihre Kontaktdaten auszutauschen!

3. Organisieren Sie in einem Team selbst eine Veranstaltung. Laden Sie dazu beispielsweise einen Referenten ein, der Sie interessiert. Nach dem abschließenden Gespräch ist es üblich, gemeinsam noch etwas trinken zu gehen, um sich besser kennenzulernen.
4. Surfen Sie im Internet nach den Forschungsstellen, die Sie interessieren könnten. Oft gibt es Newsletter, für die Sie sich anmelden können. So bleiben Sie auf dem Laufenden.

❶ Web-Tipp:
Eine Mailingliste zur Hochschulbildung finden Sie im Internet auf www.bildungsserver.de/zeigen.html?seite=125. Melden Sie sich für alle Newsletter an, die für Ihren Bereich spannend werden könnten.

Kontakte pflegen

Sammeln Sie mit den genannten Methoden Kontakte wie andere Leute Briefmarken! Doch jeder Sammler weiß, dass es mit dem Sammeln allein nicht getan ist. Hegen und pflegen Sie die Verbindungen, beispielsweise indem Sie Kontakte tauschen. Hierzu können Sie nützliche Dreiecke schaffen: Stellen Sie Ihrem neuen Kontakt einen passenden, weiteren Kontakt vor und organisieren Sie gemeinsame Aktionen.

Versenden Sie Ihren beruflichen Bekannten außerdem in regelmäßigen Zeitabständen geeignete Buch- und Magazintipps. Machen Sie die Kontaktpflege auf diese Weise zum netten, spielerisch gepflegten Hobby! Vielleicht bilden sich über die Jahre sogar Freundschaften heraus, die über das rein berufliche Interesse hinausgehen.

2. Promotion als Eintrittskarte in die Wissenschaft

2.1 Wissenswertes

„Doktortitel einer US-Kirche, Lieferzeit weniger als eine Woche, keine Vorkenntnisse nötig (…). Folgende Fachrichtungen stehen zur Auswahl: Doctor of Angel Therapy, Doctor of Divinity, Doctor of Motivation, Doctor of Metaphysics, Doctor of Religion, Doctor of Religious Science, Doctor of Psychic Science, Doctor of Philosophy. Neben dem gesiegelten und registrierten Doktordiplom erhalten Sie Informationen über das Tragen dieser Titel in der BRD. (…)"[1]

Dieses Angebot konnten Sie tatsächlich vor ein paar Jahren bei Ebay einsehen. Der Festpreis betrug übrigens 69,90 Euro. Doch gleich vorweg: Dieser Doktortitel ist natürlich nicht legal. Titelhandel bringt wissenschaftliche Karrieren nicht voran und kann sogar zu langjähriger Haftstrafe führen. In einem Artikel berichtete „Focus Online", dass dennoch schätzungsweise „jeder 100. Doktortitel in Deutschland ‚gekauft'"[2] ist. Was sich aus dieser hohen Zahl herauslesen lässt: Es gibt Menschen, die sich vom Status eines Doktortitels verführen lassen. Die beiden Buchstaben vor dem Namen sind also nach wie vor ein funktionierendes Prestigemittel. Was macht den (legalen) Doktor eigentlich zu etwas Besonderem?

Der legale Doktor erwirbt seinen Titel durch die **Promotion.** Hierunter versteht man das Abfassen und Veröffentlichen einer sogenannten **Dissertation,** der Doktorarbeit, sowie die Teilnahme an einer mündlichen Prüfung zur Erlangung des Titels „Doktor" oder „Doktorin". Dieser Vorgang muss derzeit noch an einer Universität stattfinden – Fachhochschulen haben bisher kein Promotionsrecht (wobei dies aktuell in der Diskussion steht) – und dauert je nach Fach, Thema, zeitlichen Voraussetzungen, Umfang der Dissertation, Motivation und Glück zwischen einem und sechs Jahren.

---

1 Angebot bei ebay, Juli 2009.
2 www.focus.de/wissen/campus/campus/promotionsskandal-der-naechste-bitte_aid_318826.html, 20.07.2009.

Ein kleiner Schock, um Sie wach zu halten: Im Durchschnitt dauert eine Promotion 5 Jahre vom Studienabschluss bis zum Erreichen des Doktorgrades und kostet ganze 60.000 Euro.[3] Zur Entspannung: Je nach Fach und Zeitplan können Sie in wesentlich kürzerer Zeit fertig werden. Vor allem die Medizin ist für kurze Promotionszeiten bekannt.

Ziel der Promotion ist es, die Fähigkeit zur vertieften wissenschaftlichen Tätigkeit zu belegen. Somit ist die Promotion die Voraussetzung und Eintrittskarte für Ihre wissenschaftliche Karriere. Mit Beginn der Promotion gelten Sie als Nachwuchswissenschaftler. Werfen wir nachfolgend einen Blick darauf, wer in Deutschland promoviert und auf welches Ziel er sich dabei beruft.

Spezies Doktorand

Nach Angaben des Statistischen Bundesamts schrieben im Wintersemester 2010/11 rund 200.400 Menschen an ihrer Dissertation. Nur etwa die Hälfte davon war auch in einer Universität immatrikuliert. Nach wie vor werden die meisten Promotionen im naturwissenschaftlichen Bereich, in Medizin und in Mathematik angestrebt.

45,4 Prozent der Promovenden waren nach den aktuellsten veröffentlichten Zahlen von 2012 weiblich, was eine enorme Steigerung in den letzten Jahren bedeutet (Im Jahr 2000 waren es noch 34,2 Prozent). Das Durchschnittsalter bei Abschluss liegt bei etwa 32,7 Jahren.[4]

Wenn Sie eine Hochschulkarriere planen, kommen Sie nicht an der Promotion vorbei. Sie ist allerdings ein Einschnitt, an dem Sie noch einmal genau Ihre Motive überprüfen sollten. Leider ist es ein statistisches Faktum, dass aktuell etwa ein Fünftel der Doktoranden ihre begonnene Doktorarbeit nicht abschließen.[5] Entmutigen lassen sollten Sie sich dennoch nicht! Schließlich bedeutet das auch, dass Sie später nur vier Fünftel der Konkurrenz haben, die Sie hätten haben können.

---

3 Lena Greiner: Erst denken, dann promovieren. Spiegel-Online vom 11.02.2013: http://www.spiegel.de/karriere/berufsstart/doktortitel-wann-lohnt-sich-eine-promotion-a-881844.html; zugegriffen am 23.07.2014.
4 Konsortium Bundesbericht wissenschaftlicher Nachwuchs (Hrsg.): Bundesbericht wissenschaftlicher Nachwuchs 2013. W. Bertelsmann Verlag, 2013.
5 Ebenda. S. 274.

Ein faszinierendes Thema

Normalerweise erfüllen Sie als Promovierender zunächst die Voraussetzung eines abgeschlossenen Universitäts- oder Fachhochschulstudiums. Bei Letzterem sollten Sie sich rechtzeitig an der Uni Ihrer Wahl erkundigen, welche Voraussetzungen Sie für die Zulassung erfüllen müssen. Es ist nämlich trotz häufiger anderweitiger Behauptungen durchaus möglich, mit FH-Abschluss an der Uni promovieren. Die Hochschulrektorenkonferenz schätzt, dass derzeit etwa ein Prozent der erfolgreich abgeschlossenen Promotionen von FH-Absolventen stammt, die an Universitäten in Deutschland promovieren. Zusätzlich ist noch mit einigen Promovenden mit FH-Abschluss zu rechnen, die ihren Doktortitel an Hochschulen im Ausland erwerben.

An einigen Universitäten werden Promotionskandidaten mit FH-Abschluss beispielsweise zugelassen, wenn sie neben einer sehr guten Abschlussnote ein oder mehrere Examensklausuren an der Uni mitschreiben und ein Seminar zu einem für die Promotion relevanten Thema besuchen.

Hiermit wären wir auch beim Thema: Es ist wichtig, dass Sie von Ihrem Promotionsthema nachhaltig begeistert sind, denn je nach Fach werden Sie einige Jahre damit verbringen. Hier einige Möglichkeiten, wie Sie ein geeignetes Thema finden können:

1. Wie steht es mit Ihren Examensthemen? Ist etwas dabei, das neue, spannende Erkenntnisse zutage fördern könnte?
2. Möglich ist außerdem der thematische Rückgriff auf eine Seminararbeit aus Studienzeiten.
3. Wenn Sie ein aktuelles Thema besonders fasziniert, können Sie auch dieses beim Universitätsprofessor Ihrer Wahl zur Promotion vorschlagen.
4. Wenn der Professor bereits feststeht, das Thema allerdings noch nicht, sollten Sie sich nach dessen Schwerpunkten erkundigen. Hier werden Sie sicher fündig.
5. Wenn Sie partout keinen eigenen Vorschlag finden, können Sie den gewünschten Betreuer auch darauf ansprechen, ob er ein geeignetes Thema weiß. Im schlimmsten Fall wird Ihnen diese Art des Vorge-

hens als unselbstständig ausgelegt. Dafür können Sie aber damit rechnen, dass Sie ein Thema haben, an dem auch Ihr Professor interessiert ist.

6. In einigen Fachbereichen, beispielsweise in den Naturwissenschaften, ist es üblich, dass der Betreuer ein Thema stellt. Auch in diesem Fall ist es natürlich wichtig, dass Sie dieses Thema nachhaltig fasziniert.

❶ Tipp:
Ihr Thema darf in der von Ihnen geplanten Form noch nicht bearbeitet worden sein. Überprüfen Sie neben bestehenden Themen auf dem Buchmarkt und in Internetpublikationen daher auch Ihre Promotionskollegen, indem Sie Professoren mit ähnlichem Schwerpunkt anschreiben und sich bestätigen lassen, dass Ihr Thema dort nicht bereits „verbraucht" worden ist.

Betreuer Ihrer Arbeit: der Doktorvater
Suchen Sie ebenso sorgfältig nach einem geeigneten Doktorvater wie nach einem großartigen Thema. Der Mann oder die Frau wird Sie immerhin wissenschaftlich „adoptieren", wobei die Betreuung auch hier die ganze Bandbreite zwischen Rabeneltern und Vorzeigefamilien abdeckt.

✓ Checkliste: Der richtige Doktorvater

Überprüfen Sie Ihren potenziellen Doktorvater auf die folgenden Punkte:

Er/Sie ist fachlich kompetent.

Er/Sie ist ein Kenner auf Ihrem Promotionsgebiet.

Er/Sie ist leicht erreichbar.

Er/Sie nimmt sich Zeit für die Belange der Studenten/Promovenden.

Er/Sie trifft seine Doktoranden regelmäßig.

Er/Sie freut sich über Ihre Fortschritte.

Er/Sie fordert Zwischenberichte ein.

Er/Sie wirkt auf Sie motivierend.

Er/Sie arbeitet schnell/gibt rasche Rückmeldungen.

Er/Sie ist zuverlässig.

Sie haben jetzt eine Vorstellung davon, wie Ihr Betreuer sein soll. Doch wo sollen Sie ihn suchen? Nachfolgend einige Möglichkeiten, einen Doktorvater zu finden:

1. Sie werden gefunden. Gerade bei SHK und sehr guten Studierenden kann es passieren, dass ihnen in der Examensphase bzw. vor dem Masterabschluss ein Angebot bereitet wird.
2. Sie sprechen den potenziellen Betreuer in der Sprechstunde an. Diese Methode ist vor allem Erfolg versprechend, wenn Sie sehr gute Noten haben oder den Professor gut kennen.
3. Lassen Sie sich weiterreichen. Eine Absage in der Sprechstunde darf Sie nicht aus der Bahn werfen. Haken Sie nach, ob eventuell ein Kollege infrage kommen könnte, bei dem sich der Professor für Sie einsetzen könnte.

4. Bewerben Sie sich als wissenschaftlicher Mitarbeiter. Oft sind Stellenausschreibungen hier bereits mit dem Zusatz „Promotion erwünscht" versehen. Welche weiteren Vor- und Nachteile eine solche Stelle mit sich bringt, erfahren Sie in Kapitel 2.2.

❶ Tipp:
Sie werden mit Ihrer Promotion eine lange Zeit verbringen. Investieren Sie daher am Anfang genügend Zeit in die Auswahl des Professors, um späteren Ärger zu vermeiden. Fragen Sie beispielsweise bei anderen Promovenden nach deren Erfahrungen.

Das liebe Geld

Auch die Promotion, das Fundament Ihrer wissenschaftlichen Karriere, finanziert sich nicht von selbst. Ihre Möglichkeiten:

1. Sie arbeiten an der Hochschule (lesen Sie hierzu auch Kapitel 2.2). Interessant sind auch Graduiertenkollegs, die von der Deutschen Forschungsgemeinschaft (DFG) gefördert werden. Der Austausch mit anderen Doktoranden wird Sie motivieren, am Ball zu bleiben.
2. Sie bewerben sich um ein Stipendium (lesen Sie hierzu auch Kapitel 2.3).
3. Sie jobben, wobei Sie allerdings darauf achten sollten, dass die Promotion dennoch genügend vorangetrieben wird.
4. Sie wenden sich an Ihre Eltern.

Es geht los!

Sie haben Thema und Betreuer und wissen, wovon Sie in nächster Zeit leben werden? Herzlichen Glückwunsch, Sie gehören nach Definition des Wissenschaftsrats von jetzt an zum wissenschaftlichen Nachwuchs. Jetzt kommt es auf Sie an. Wie viel Betreuung brauchen Sie? Von wo aus können Sie am besten arbeiten? Sind Sie anfällig für Schreibblockaden (vor allem bei schreiblastigen Doktorarbeiten in den Geisteswissenschaften relevant)? Wenn Sie nicht sicher sind, können Sie im Test im Anschluss an das Kapitel herausfinden, welcher Promotionstyp Sie sind.

Fürs Schreiben selbst haben sich typabhängig verschiedene Ratschläge durchgesetzt. Während einige einen Stundenplan exakt einhalten und sich täglich in einer bestimmten Zeitspanne an die Arbeit begeben, setzen sich andere ein bestimmtes Seitenpensum, das am Tag zu schaffen sein muss. Was bei Ihnen besser wirkt, werden Sie ausprobieren müssen.

Zwei Probleme haben viele Doktorarbeiten zum Scheitern gebracht. Dabei sind sie, wenn bekannt, leicht zu beheben.

Zum einen klagen viele Doktoranden über die Einsamkeit, die eine Promotion mit sich bringt. Sie haben während der Arbeit normalerweise und vor allem in den Geisteswissenschaften kein Team um sich herum, keine Kollegen, die an ähnlichen Themen arbeiten, und müssen es tagein, tagaus alleine mit sich und dem großen Stoff aushalten. Eine psychische Belastung, die sich im Vorfeld kaum abschätzen lässt! Wenn Sie bemerken, dass Sie hiermit Schwierigkeiten haben, sollten Sie die Universitätsbibliothek aufsuchen. Schreiben Sie dort mit anderen. Schaffen Sie sich außerdem Freiräume und treffen Sie Ihre Freunde. Schließen Sie sich darüber hinaus Netzwerken an.

❶ Tipp:

Thesis, das interdisziplinäre und deutschlandweite Netzwerk für Promovierende und Promovierte, unterstützt Sie bei regionalen Treffen, in Doktorandenworkshops und Seminaren und hält Sie außerdem über die Zeitschrift „These" hochschulpolitisch auf dem Laufenden. Die Website finden Sie auf https://ssl.thesis.de.

Zum anderen macht ein weiteres Problem vielen Doktoranden zu schaffen: der Perfektionismus. Wer kann schon wissen, wann etwas gut genug ist, wenn er der Einzige ist, dessen kritischer Blick ununterbrochen über den Seiten lauert? Sie werden es nicht schaffen, alles bis ins kleinste Detail perfekt zu gestalten, dafür ist der Umfang der Dissertation einfach zu groß. Diese Tipps helfen Ihnen, sich mit der menschlichen Unvollkommenheit abzufinden:

1. Lesen Sie andere Doktorarbeiten! Der Vergleich rückt den Kritiker in Ihnen wieder gerade. So gewinnen Sie Ihr gesundes Maß an Selbsteinschätzung zurück.

2. Reden Sie in regelmäßigen Abständen mit Ihrem Doktorvater. Sie werden bald feststellen, dass er weitaus weniger von Ihrem Thema weiß als Sie. Das kann überaus beruhigend sein, denn Sie sehen, was ein unverbrauchtes Auge an Ihrem Thema für wichtig hält und was für nebensächlich.
3. Lassen Sie Kollegen Ihre Arbeit lesen und nehmen Sie das Feedback ernst.
4. Erstellen Sie einen Zeitplan, den Sie einhalten. Das macht einen übersteigerten Perfektionismus auch praktisch unmöglich.

Der Schlusspunkt ist gesetzt. Was jetzt?

Eines Tages wird Ihre Arbeit tatsächlich fertig sein. Wie geht es dann weiter? Zunächst tüten Sie Ihr Manuskript ein und schicken es an die Verwaltungsstelle der Fakultät. Gleichzeitig informieren Sie Ihren Doktorvater darüber, dass Sie die Arbeit beendet haben und diese ihm als Erstgutachter bald vorgelegt wird. Sie selbst müssen ihm nichts direkt vorlegen.

Während Sie sich im Anschluss von der Arbeit erholen, schickt der Promotionsausschuss Ihre Dissertation an den **Erstgutachter,** Ihren Doktorvater, und setzt diesem eine Frist zur Bearbeitung.

Nachdem Ihr Doktorvater ein Gutachten Ihrer Arbeit erstellt und diese benotet hat, wird sie an einen **Zweitgutachter** weitergereicht. Auch diesem wird eine Frist für die Bewertung gesetzt, was in der Praxis allerdings nicht verhindert, dass der gesamte Vorgang je nach Fach und Dozent bis zu mehr als einem Jahr dauern kann. Bitte beachten Sie, dass sich dieses Verfahren in den einzelnen Fachbereichen stark unterscheiden kann. Informieren Sie sich in Ihrem Fachbereich über die Details.

Notenskala bei Dissertationen: Ihre Note auf gut Deutsch
summa cum laude – ausgezeichnet
magna cum laude – sehr gut
cum laude – gut
rite – genügend
non probatum – ungenügend (abgelehnt)

Mündliche Prüfung und Doktorgrad

Den größten Teil haben Sie hinter sich: Vor Ihnen liegt ein Gespräch mit etwa drei bis vier Prüfern, in einigen Unis im Beisein der Öffentlichkeit, die beispielsweise aus anderen Doktoranden im Hintergrund besteht. Je nach Prüfungsordnung unterscheiden sich die mündlichen Prüfungen. Es gibt drei Möglichkeiten:

1. **Rigorosum:** Sie werden über die zentralen Inhalte des Studiums geprüft. Das bedeutet eine Menge Stoff!
2. **Vortrag** des Doktoranden zu einem Thema, das sich vom Dissertationsthema unterscheidet. Das bedeutet, dass gute Vorbereitung schon die halbe Miete ist.
3. **Disputation:** Verteidigung der Dissertation gegenüber den Prüfern. Das bedeutet, dass Sie über ein Thema, mit dem Sie sich unter Umständen jahrelang beschäftigt haben, mit Menschen reden, die im Vergleich zu Ihnen wenig Ahnung haben.

Mit der Aushändigung der Promotionsurkunde, oft auf einer festlichen Promotionsfeier, wird Ihnen nach der mündlichen Prüfung der Doktorgrad übermittelt. Herzlichen Glückwunsch!

Wichtig: Die Veröffentlichung

Doch ganz geschafft haben Sie es noch nicht. Sie verpflichten sich mit der Verleihung der Promotionsurkunde dazu, Ihre Dissertation der Öffentlichkeit zugänglich zu machen. Hierfür können Sie zwischen verschiedenen Möglichkeiten wählen:

Die wohl schönste Methode ist die **Verlagsveröffentlichung**. Stellen Sie sich das Gefühl vor, Ihr erstes eigenes Buch in Händen zu halten und es danach ins Bücherregal zu Ihren Lieblingsautoren zu stellen. Mit Sicherheit ein Glücksmoment! Die folgenden Tipps helfen Ihnen, einen Verlag zu finden, der sich für Ihre Dissertation interessiert:

1. Durchforsten Sie die Webseiten von Verlagen, die Sie in Betracht ziehen. Konzentrieren Sie sich dabei auf Verlage, in deren Programm Ihr Dissertationsthema gut hineinpasst. Wenn Sie nicht sicher sind, rufen Sie beim Verlag an und erkundigen Sie sich.

2. Erstellen Sie ein Exposé zu Ihrer Dissertation, das die Bedeutung Ihrer Arbeit herausstellt, die Kernaussagen zusammenfasst und eindeutig auf die Zielgruppe hinweist, die Ihr Buchprojekt ansprechen soll. Achten Sie darauf, dass das Exposé insgesamt nicht mehr als zwei bis drei Seiten umfasst.

3. Senden Sie Exposé und Manuskript an die von Ihnen recherchierten Verlage. Legen Sie eine kurze Vita bei und verweisen Sie auf etwaige bisherige Veröffentlichungen.

Nimmt ein Verlag Ihre Dissertation an, so werden Sie noch einmal Zeit einplanen müssen, denn das Manuskript muss nach den Vorstellungen des Verlags überarbeitet werden. Ein Lektor wird Ihr Projekt abschließend prüfen, sodass Ihre Veröffentlichung eine optimale Qualität erlangt.

Haben Sie dagegen weniger Erfolg bei der Verlagssuche, sollten Sie sich davon nicht irritieren lassen. Eine mögliche Alternative stellen sogenannte Druckkostenzuschuss-Verlage dar, bei denen Sie einen Anteil der Druckkosten beisteuern. Eine andere, billigere Möglichkeit liefern Abrufbuchanbieter wie beispielsweise books on demand. Bei diesen Alternativen verzichten Sie allerdings im Normalfall auf die abschließende

Durchsicht eines Lektors und nehmen außerdem einen geringeren Werbeaufwand in Kauf.

> **❶ Tipp zur Verlagsveröffentlichung:**
> In vier Schritten zum Erfolg gelangen Sie beispielsweise bei einer Veröffentlichung Ihrer Dissertation im Springer Gabler Verlag. Weitere Informationen finden Sie auf www.springer.com.

Die zweite Möglichkeit zur Veröffentlichung ist die **Internetpublikation.** Sie werden zwar kein schön gebundenes Buch mit Ihrem Namen darauf in der Hand halten, können dafür allerdings schnell und normalerweise kostenlos den letzten Promotionsschritt abschließen.

> **❶ Tipp zur Internetpublikation:**
> Die wichtigste Internetadresse zum elektronischen Publizieren von Dissertationen: http://www.dnb.de/DE/Wir/Kooperation/dissonline/dissonline_node.html.

An einigen Hochschulen besteht drittens außerdem die Möglichkeit der Veröffentlichung über die **Unibibliothek,** wobei meist zusätzlich ein PDF der Arbeit ins Internet gestellt wird. Hier haben Sie natürlich den Vorteil, nicht selbst aktiv werden zu müssen. Ein möglicher Nachteil ist, dass Ihre Arbeit weniger Leser erreicht, als dies beispielsweise mit einer Verlagsveröffentlichung möglich gewesen wäre.

> **❷ Test: Welcher Promotionstyp bin ich?**
> Kreuzen Sie die Antwort an, die am ehesten auf Sie zutrifft.
>
> **1. Ein spontanes Bild aus Ihrer Examenslernphase: Wo befinden Sie sich?**
> ○ a. In meinem Zimmer
> ○ b. In der UB
> ○ c. In einem Café mit meiner Lerngruppe

2. **Stellen Sie sich vor, jemand zwingt Sie, alleine einen Satelliten zu bauen und ihn ins All zu schießen. Wie gehen Sie vor?**
   - ○ a. Ich lese alles, was ich dazu in die Finger bekomme.
   - ○ b. Ich frage, ob ich einen kleinen Tipp zur Vorgehensweise bekommen kann.
   - ○ c. Ich hänge mich ans Telefon und rufe die Europäische Weltraumbehörde an.

3. **In welcher Situation haben Sie sich das letzte Mal gelangweilt?**
   - ○ a. In einem Gespräch mit anderen Leuten
   - ○ b. In einer Vorlesung
   - ○ c. Als ich alleine war

4. **Welche Aussage finden Sie spontan sympathisch?**
   - ○ a. Die Raben fliegen in Schwärmen, der Adler aber fliegt allein.
   - ○ b. Alles zu seiner Zeit.
   - ○ c. Einer für alle und alle für einen!

5. **Aus welchem Grund möchten Sie vorwiegend promovieren?**
   - ○ a. Es macht mir Spaß, mich völlig in einem Fachgebiet zu verlieren.
   - ○ b. Ich brauche die Promotion als Fundament für meine Hochschulkarriere.
   - ○ c. Ich möchte meine Studentenzeit verlängern und dabei noch an Prestige gewinnen.

Zählen Sie nach, wie oft Sie die jeweiligen Buchstaben angekreuzt haben. Geben Sie sich dabei für jedes A einen Punkt, für jedes B zwei Punkte und für jedes C drei Punkte. Die Punkte stellen keine Wertung dar. Lesen Sie dann in der Auflösung nach.

5–7 Punkte: Der Einzelkämpfer

Mutterseelenalleine vor einem 300 Seiten-Schreibberg: Davon lassen Sie sich nicht einschüchtern. Sie arbeiten gern mit sich, vertrauen auf Ihre Leistungen und haben dabei ein gutes Gefühl. Mit dem Verfassen einer Dissertation werden Sie sicher alleine bestens klarkommen. Achten Sie allerdings darauf, während des Schreibens nicht völlig von der Außenwelt vergessen zu werden. Informieren Sie Ihren Doktorvater über Ihre Fortschritte, damit er weiß, dass Sie an der Arbeit sind, und lassen Sie sich in den Doktorandenseminaren bzw. -Kolloquien sehen. Das reicht Ihnen an Unterstützung wahrscheinlich völlig aus.

8–11 Punkte: Der Mischtyp

Gemeinsam sind wir stark, allein bereite ich mich darauf vor. So könnte Ihr Promotionsmotto aussehen. Sie arbeiten mit einer gesunden Mischung aus Teamgeist und Eigeneinsatz. Lesen Sie lieber in der UB als zu Hause, treffen Sie sich mit Gleichgesinnten und melden Sie sich in entsprechenden Netzwerken an, wenn Sie wollen. Der Kontakt zu anderen beflügelt Ihre Arbeit und lässt Sie ausgeglichen und entspannt bleiben.

12–15 Punkte: Der Teamgeist

Am effektivsten arbeiten Sie im Team. Gemeinsam an einem Strang zu ziehen, ist Ihre Spezialität. Je mehr Sie diese Fähigkeit nutzen können, desto leichter wird Ihnen die Promotion von der Hand gehen. Vielleicht haben Sie ein Fach studiert, in dem Sie während der Promotion im Labor arbeiten können. Aber auch als wissenschaftlicher Mitarbeiter finden Sie das nötige Maß an Menschenkontakt, das Sie brauchen, um kreativ sein zu können.

2.2 Wissenschaftlicher Mitarbeiter

„Wissenschaftlicher Mitarbeiter" ist ein weit gefasster und wenig griffiger Begriff. Vielleicht wird er auch deshalb regelmäßig ausgetauscht. Früher hieß der wissenschaftliche Mitarbeiter wissenschaftlicher Assistent, in Baden-Württemberg heißt er seit November 2007 offiziell Akademischer Mitarbeiter. Nicht, dass das weniger weit gefasst oder griffiger wäre …

Ist denn nicht jeder Hochschulmitarbeiter, der nicht in der Verwaltung tätig ist, wissenschaftlich? Nein, denn gemeint ist die offizielle Stellenbezeichnung einer bestimmten Gruppe von Personen, die entweder in einem Forschungsprojekt beschäftigt sind oder an einem Lehrstuhl, wo sie dann auch „Dienstaufgaben" erfüllen müssen, beispielsweise Seminare, Praktika und Übungen abhalten.

Die erste Variante wird normalerweise durch Drittmittel finanziert, die zweite vorwiegend vom Staat. Der wissenschaftliche Mitarbeiter kann dabei entweder angestellt oder (selten) auf Zeit verbeamtet sein.

Derzeit sind fast zwei Drittel der Promovierenden als wissenschaftliche Mitarbeiter tätig.[6] Es ist allerdings auch möglich, als Postdoc oder Habilitand nach der Promotion als wissenschaftlicher Mitarbeiter tätig zu sein (lesen Sie hierzu Kapitel 4.2).

Bundesweit sind aktuell etwa 120.000 wissenschaftliche Mitarbeiter an Hochschulen beschäftigt. Aktuell liegt die Höchstdauer einer befristeten Anstellung an einer Hochschule bei zwölf Jahren, im medizinischen Bereich bei 15 Jahren. Eine Verlängerung darüber hinaus ist in bestimmten Fällen möglich. Für Wissenschaftler mit Kindern verlängert sich der Befristungszeitraum um zwei Jahre pro Kind. Sie sehen also, dass Sie theoretisch eine nicht zu unterschätzende Zeit Ihres Berufslebens als wissenschaftlicher Mitarbeiter verbringen können. Machen Sie sich daher mit den Vor- und Nachteilen einer solchen Position vertraut.

Sie sind dort, wo Sie hinwollen

Zunächst ein sehr wichtiger Vorteil: Sie werden von dieser Stelle im Normalfall leben können! Ihrem Traumjob sind Sie damit schon ein gewaltiges Stück nähergekommen. Immerhin verdienen Sie jetzt Ihr eigenes Geld mit dem, was Sie tun wollen.

Zu Ihrer Bezahlung sollten Sie zunächst die Tarifverträge kennenlernen: Wenn es sich bei Ihrem Arbeitgeber um Bund oder Kommunen handelt, gilt der Tarifvertrag für den öffentlicher Dienst (TVöD), ist Ihr Arbeitgeber ein Bundesland (außer Hessen und Berlin), gilt der Tarifvertrag für

---

6   Konsortium Bundesbericht wissenschaftlicher Nachwuchs (Hrsg.): Bundesbericht wissenschaftlicher Nachwuchs 2013. W. Bertelsmann Verlag, 2013, S. 183.

den öffentlichen Dienst der Länder (TV-L). In Hessen und Berlin werden Sie nach Bundesangestelltentarif BAT bezahlt.

Kommen wir nun zu Ihrem monatlichen Verdienst. Als wissenschaftlicher Mitarbeiter mit Uni-Abschluss erhalten Sie bei einer vollen Stelle im ersten Jahr bei TVöD/TV-L E13 Stufe 1 etwa 3.300 Euro Brutto, nach BAT IIa (gilt nur in Hessen und Berlin) altersabhängig ab etwa 2.400 Euro. Mit Fachhochschulabschluss gilt für Sie der TVöD/TV-L-E 9, was derzeit bei einer Vollzeitstelle etwa 2.200 Euro einbringt. Mit einer halben Stelle, die Ihnen mehr Zeit für Ihre Promotion bietet, verdienen Sie natürlich entsprechend weniger. An vielen Unis und Forschungseinrichtungen ist die halbe Stelle allerdings üblich, wobei die wissenschaftlichen Mitarbeiter dann oft dennoch Vollzeit arbeiten und damit Ihre Promotion voranbringen.

Wenn Ihre Stelle als wissenschaftlicher Mitarbeiter am Lehrstuhl ausgeschrieben ist, ergibt sich als weiterer Vorteil die Berufspraxis in Ihrem Traumjob. An der Hochschule können Sie kein Praktikum machen, nutzen Sie also jetzt die Zeit, Forschung und Lehre eingehend auszuprobieren. Ihr Arbeitsumfang liegt in der Regel bei etwa 39,5 Stunden, wobei die Lehrbeteiligung davon je nach Stelle zwei bis 18 Stunden umfasst.

Die Nähe zu Ihrem Doktorvater ist als wissenschaftlicher Mitarbeiter am Lehrstuhl ein dritter Vorteil. Sie werden sie oder ihn weitaus besser kennenlernen als ein Promovierender ohne Uni-Job, was den Doktorvater eher motivieren wird, sich später für Sie einzusetzen. So bewerten Promovierende mit institutioneller Einbindung die Betreuung durch den Doktorvater häufig wesentlich besser.

Außerdem können Sie bei einer Stelle am Lehrstuhl davon ausgehen, dass Sie es nicht weit zur Seminarbibliothek haben. Das mag sich unbedeutend anhören, doch erleichtert es sicher die Arbeit an Ihrer Promotion. Die Gelegenheit, im Team zu arbeiten oder sich zumindest gegenseitig auszutauschen, ist ein weiterer Vorteil, den Sie sowohl bei einer Stelle am Lehrstuhl als auch im Forschungsprojekt genießen können. Gerade wenn Sie der einsame Umgang mit Ihrem Dissertationsthema abschreckt, können Sie hier einen geeigneten Ausgleich finden.

❶ Tipp:
Im Internet finden Sie auf www.euni.de und www.academics.de zahlreiche Stellenausschreibungen als wissenschaftlicher Mitarbeiter.

Eine große Frage: Wohin führt das?

Vielleicht warten Sie schon auf das „Aber". Hier ist es: Was die Vergütung angeht, so kann es Ihnen passieren, dass Sie Pech haben und untertariflich bezahlt werden. Häufig werden auch nur halbe oder dreiviertel Stellen ausgeschrieben, auf denen jedoch unter der Hand voller Zeiteinsatz erwartet wird. Wissenschaftliche Mitarbeiter im naturwissenschaftlichen und technischen Bereich erhalten noch immer häufig eine höhere Bezahlung als Geisteswissenschaftler. Lassen Sie sich nicht ausnutzen! Bewerben Sie sich, wenn möglich, lieber auf mehrere Stellen, um dann die beste Option wahrzunehmen.

Abgesehen von der Bezahlung kann als Nachteil einer Tätigkeit als wissenschaftlicher Mitarbeiter der Zeitfaktor genannt werden. Vergessen Sie über Ihrem Job nicht, die Arbeit an der Dissertation unterzubringen. In Ihrem Arbeitsvertrag ist zwar oft bereits eine bestimmte Prozentzahl an Arbeitszeit genannt, die Ihnen für Ihre eigene Weiterqualifizierung zur Verfügung steht. Je nach Stelle variiert der tatsächliche Arbeitsaufwand allerdings stark, sodass Sie sich hier individuell nach den Erwartungen erkundigen müssen, um die Belastung festzustellen.

Drückend ist langfristig außerdem die Befristung der Stelle. Sie haben bei Einstieg in die befristete Stelle zwölf bzw. im medizinischen Bereich 15 Jahre Zeit, um an eine unbefristete Stelle zu gelangen. Länger dürfen Sie nicht befristet an der Hochschule tätig sein. In Nachwuchswissenschaftlerforen ist daher berechtigterweise die Berufsperspektive nach dem Befristungszeitraum Thema Nummer eins. Sie sollten sich gut informieren, sich allerdings auch nicht frustrieren lassen. Vergessen Sie nicht: Sie haben einen Traum. Sie wollen an der Hochschule arbeiten. Lassen Sie sich von Miesepetern nicht anstecken! Denn nur zu schimpfen bringt Sie nicht weiter. Es gibt ein Berufsleben an der Hochschule auch vor dem Professorentitel. Informieren Sie sich also und nutzen Sie dann die Zeit, die Sie haben.

2.3 Stipendiat

In den letzten Jahren ist die Anzahl der Stipendien für Promovenden entschieden angestiegen. Promotionsstipendien, die übrigens vom Einkommen der Eltern unabhängig ausgezahlt werden, sind somit mittlerweile ein wichtiger und sehr erfolgreicher Pfeiler der Doktorandenförderung.

Neben den bereits in Kapitel 1.2 genannten Vorteilen eines Stipendiums haben Sie gegenüber einer Position als wissenschaftlicher Mitarbeiter beim Promotionsstipendium das Plus, mehr Zeit für die Arbeit an der Dissertation zu haben. Das scheint sich auszuzahlen: Statistiken des Studienwerks haben ergeben, dass Promovierende mit Stipendium überdurchschnittlich hohe Leistungen erzielen.[7]

Im Normalfall sind Stipendien zur Doktorandenförderung außerdem lukrativer als Studienstipendien. Die 13 vom BMBF unterstützten Förderwerke bieten aktuell einkommensabhängig (es zählt nur noch das Einkommen des Promovenden selbst, nicht das der Eltern) bis zu 1050 Euro monatlich, wobei Auslandszuschüsse möglich sind. Die Laufzeit beträgt zwei Jahre und kann in besonderen Fällen auf bis zu vier Jahre ausgedehnt werden.

Promotionsstipendien bieten zudem oft ein umfangreiches freiwilliges Bildungsprogramm an. Bei den 13 vom BMBF unterstützten Förderungswerken umfasst dieses neben Möglichkeiten zu Auslands- oder Praxissemestern ein interdisziplinäres wissenschaftliches Sommerprogramm sowie Fachtagungen, Workshops oder Ringvorlesungen. Ziel ist immer auch der Diskurs über das Dissertationsthema, der Ihnen auf jeden Fall weiterhilft.

Graduiertenkolleg: Ideallösung für Teamplayer

Neben den Förderern der Studienstipendien (lesen Sie hierzu Kapitel 1.2) sind Graduiertenkollegs eine beliebte Promotionsmöglichkeit, die durch Stipendien gefördert wird. Hierbei werden die Themen mehrerer Dissertationen gebündelt und unter die Betreuung einiger Hochschullehrer gestellt. Im Kolleg finden gemeinsame Veranstaltungen wie Seminare, Kol-

---

7   BMBF (Hrsg.): Mehr als ein Stipendium. Staatliche Begabtenförderung im Hochschulbereich. Bonn, Berlin, 2009. Seite 25.

loquien oder Workshops statt, die auch interdisziplinär ausgerichtet sein können.

Die Entwicklung der Arbeit des einzelnen Promovierenden wird einem genauen Plan unterworfen, der der Promotionsphase Struktur verleiht. Zwischen den Doktoranden findet meist auch neben den gemeinsamen Veranstaltungen reger Austausch statt.

❶ Tipp:
> Informieren Sie sich an Ihrer Universität oder bei der Deutschen Forschungsgemeinschaft (DFG) über aktuell geförderte Graduiertenkollegs: http://www.dfg.de/foerderung/programme/koordinierte_programme/graduiertenkollegs/index.html

Bitte nicht übersehen: Faktor Zeit

Einkalkulieren sollten Sie dabei allerdings, dass das Bewerbungsverfahren um ein Promotionsstipendium eine Weile dauern kann, meist etwa drei bis maximal sechs Monate.

Hinzu kommt, dass Sie zum Zeitpunkt Ihrer Bewerbung bereits ein Forschungsvorhaben vorweisen müssen, das Sie normalerweise in einem eingereichten Exposé beschreiben und mit einem Zeitplan versehen. Auch die Vorbereitung Ihres Promotionsvorhabens wird also einige Zeit in Anspruch nehmen. Aus diesen Gründen ist es unerlässlich, dass Sie vor Beginn der Promotion neben Zeit und einer Menge Geduld auch über eine finanzielle Grundlage verfügen.

❶ Tipp:
> Sogenannte Promotionsvorbereitungsstipendien mit einer Laufzeit von drei bis sechs Monaten helfen Ihnen, den Beginn einer Promotion finanziell zu überbrücken. Informieren Sie sich dazu in Ihrem Fachbereich.

Und in der Rückhand: Plan B

Beachten Sie außerdem: Trotz Ihrer guten Vorbereitung kann der Erfolg Ihrer Stipendienbewerbung nicht garantiert werden. Um Ihr Promotionsprojekt nicht zu gefährden, sollten Sie daher eine Alternative zum Stipendium in der Rückhand behalten. Könnten Sie sich beispielsweise eine Stelle als wissenschaftlicher Mitarbeiter vorstellen (Lesen Sie dazu Kapitel 2.2.)? Welche anderen Möglichkeiten kennen Sie, die Ihnen die Promotion finanzieren könnten (Lesen Sie dazu Kapitel 2.4)?

Zu guter Letzt: Nehmen Sie Absagen niemals persönlich, denn es gibt so viele Faktoren, von denen diese abhängen können. Sie werden Ihren Weg dennoch gehen! Im Folgenden finden Sie die Bewerbungsformalitäten.

Hürdenlauf Bewerbung

Normalerweise besteht die Bewerbung um ein Promotionsstipendium aus drei Etappen:

1. Schriftliche Bewerbung mit Exposé zum Forschungsvorhaben
2. Vorstellungsgespräch beim Vertrauensdozenten (kann bei einigen Stiftungen wegfallen)
3. Auswahlworkshop (u. a. mit Gruppendiskussion)

Bei jeder Etappe werden Ihre Mitbewerber weniger, bis Sie hoffentlich als einer der Geförderten hervorgehen. Zu den Erfolgskriterien, die bereits in Kapitel 1.2 für die schriftliche Bewerbung um ein Stipendium genannt wurden, gesellt sich beim Promotionsstipendium noch Ihr Forschungsvorhaben hinzu. Ist Ihr Exposé überzeugend und innovativ? Dann wird es nicht nur in der ersten, sondern auch in der zweiten Etappe, dem Vorstellungsgespräch, standhalten. Dieses fällt übrigens bei einigen Stipendien weg.

✓ Checkliste: Was gehört ins Exposé?

Deckblatt mit vorläufigem Titel, Datum und Ihren Kontaktdaten

Inhaltsverzeichnis

Bezeichnung der Thematik

fesselnde Einleitung bzw. Zusammenfassung

Erläuterung des Inhalts bzw. der Problemstellung

- Einbeziehung des Forschungsstands
- eindeutige Zielformulierung bzw. ggf. Hypothese
- zentrale „Verkaufsargumente" (Warum sollte Ihr Vorhaben umgesetzt werden?)
- Erläuterung der methodischen Herangehensweise
- vorläufige Gliederung
- Arbeitsschritte und Zeitplan
- klarer und prägnanter Stil ohne Wiederholungen
- Ihre Person in Bezug auf das Thema (Was qualifiziert Sie für das Vorhaben?)
- Die Bewerbungsmodalitäten variieren stark. Informieren Sie sich daher genau über die Vorstellungen Ihres potenziellen Stipendiengebers!

In der dritten Etappe, dem Auswahlworkshop, lernen Sie schließlich Ihre Mitbewerber kennen und erarbeiten gemeinsam ein spezielles Thema. Hier gilt es, neben den fachlichen auch Ihre sozialen Kompetenzen unter Beweis zu stellen. Denken Sie daran: Jeder Bewerber wird aufgeregt sein. Sie sind also sicher nicht allein. Und wenn Sie es schon so weit geschafft haben, haben Sie gute Chancen!

❶ Tipp:

Weitere Informationen über Stipendien bei den Begabtenförderungswerken finden Sie auf http://www.stipendiumplus.de.

2.4 Eigenfinanzierung

Sie hätten dieses Buch wohl nicht gekauft, wenn Sie sich eine Karriere am Campus nicht zumindest vorstellen könnten. Jetzt wissen Sie, dass Sie promovieren müssen, um eine Chance auf Ihren individuellen Traumjob an Uni oder Fachhochschule zu haben. Als wissenschaftlicher Mitarbeiter hätten Sie bereits eine Stelle an der Uni, die Ihren Traumjobvorgaben inhaltlich vielleicht schon sehr nahekommt. Als Stipendiat würden Sie dagegen verstärkt wissenschaftlich gefordert, was Ihnen gleichfalls entgegenkommen sollte. Weshalb also sollten Sie Mittel der Eigenfinanzierung anwenden, um zu promovieren?

Der Hauptgrund wird wohl sein, dass es nicht genügend Stellen an der Hochschule gibt, um alle Promovenden unterzubringen. Das ist ein praktisches Problem, das nichts mit Ihrer Qualifikation zu tun hat. Vielleicht liegt es stattdessen an Ihrem Fachbereich, in dem momentan niemand mehr eingestellt werden kann, oder an etwas ganz anderem.

Auch Stipendien sind rar und nicht jeder kann eines ergattern. Professor Ingo von Münch schildert in seinem Standardwerk „Promotion" zudem ein Treffen mit einer Studentin, die freiwillig von einem Stipendium absah mit folgender Argumentation: „Angesichts der finanziellen Situation meiner Eltern hätte ich es als ungerecht empfunden, jemand anderem ein Stipendium wegzunehmen, der es nötiger hat als ich."[8] Es kann also sogar gute Gründe dafür geben, auf ein Stipendium zu verzichten.

Viele Promovierende finanzieren aus diesen und anderen Gründen ihre Promotion selbst, das heißt durch jobben und Unterstützung der Eltern oder Partner. Dieser Weg der Finanzierung lässt sich nicht generell als schlechter bewerten als die anderen Wege. Im Gegenteil ist es denkbar, dass eine Promotion sogar schneller abgeschlossen wird, wenn die nötige Zeit vorhanden ist und vielleicht sogar ein gewisser sozialer Druck der Familie ausgeübt wird. Die folgenden Informationen entstammen Gesprächen mit Doktoranden, die ihre Promotion durch Eigenfinanzierung erfolgreich abgeschlossen haben.

---

8   Ingo von Münch: Promotion. 3. Auflage. Tübingen, 2006. Seite 61. Mittlerweile ist das Buch in der vierten Auflage, die von Peter Mankowski betreut wurde: Ingo von Münch: Promotion. 4. Auflage. Tübingen, 2013.

Wie Sie Ihre Zeit in die Hand nehmen

Sie planen, über längere Zeit selbstgesteuert zu arbeiten. Dabei sitzt Ihnen weder ein Professor noch ein Stipendiengeber im Nacken. Sie müssen sich also selbst motivieren. Weil Motivation aber erfahrungsgemäß nicht über Jahre hinweg auf dem gleichen Level bleibt, hilft Ihnen ein Zeitplan, Ihr Projekt zielgerichtet durchzuorganisieren. Stipendiaten müssen übrigens einen ähnlichen Plan bei der Bewerbung abgeben.

Es gibt verschiedene Möglichkeiten, die eigene Zeit zu organisieren. Gemeinsam ist Ihnen Folgendes: Ziel der Planung ist es nicht, Ihre Zeitreserven für die nächsten 24 Monate aufzubrauchen, sondern Ihnen eine Möglichkeit zur Kontrolle zu geben. Diese gibt Ihnen die Freiheit, die Arbeit an Ihrer Promotion vom Privaten zu trennen und sich damit bewusst Freiräume zu schaffen.

Hier ein paar Tipps zur Zeitplanung:

1. Schnüren Sie Arbeitspakete! Niemand arbeitet gerne am Fuß eines unbekannten Riesenbergs. Bilden Sie daher kleine Stapel, die sinnvolle Zwischenschritte Ihrer Arbeit wiedergeben. Aus „recherchieren" werden also beispielsweise die Einzelschritte „in der Bibliothek nach Büchern über Franz Kafka suchen", „lesen und zusammenfassen" und schließlich „sortieren und einordnen". Achten Sie darauf, dass die Arbeitsschritte möglichst genau beschrieben werden und lückenlos die notwendige Arbeit von Anfang bis Ende abdecken.

2. Legen Sie für jedes Arbeitspaket ein Ziel fest, beispielsweise für ein spezielles Recherchepaket zu Kafka „Max Brods Einfluss auf Kafka kennen".

3. Sortieren Sie die Arbeitspakete mit den Zielformulierungen in der zeitlichen Reihenfolge, in der sie umgesetzt werden sollen, beispielsweise steht ein Recherchepaket vor der Gliederung.

4. Teilen Sie Ihre Zeit, beispielsweise 24 Monate, auf die Arbeitspakete auf. Gehen Sie dabei allerdings von weniger Zeit aus, als Ihnen tatsächlich zur Verfügung steht. Bei 24 Monaten rechnen Sie also etwa einen Puffer von einem Monat ein, weil Arbeit erfahrungsgemäß immer länger dauert und auch einmal etwas dazwischenkommen könnte. Rechnen Sie außerdem eine bestimmte Anzahl an freien Tagen ein,

an denen Sie sich für Ihre Arbeit belohnen können. Gehen wir in unserem Beispiel bei 24 Monaten vom gesetzlichen Mindesturlaub von 24 Arbeitstagen aus und nehmen wir als Puffer noch sechs Tage dazu, also 30 Tage im Jahr, 60 Arbeitstage in zwei Jahren. Das heißt also, dass ganze drei Monate für Ihren Urlaub reserviert blieben. Wenn Sie das viel finden, reduzieren Sie entsprechend. Die restliche Zeit, in unserem Beispiel 20 Monate, teilen Sie nun auf die Arbeitsschritte auf, beispielsweise „Auswertung der Sekundärliteratur zu Kafka", zehn Wochen.

5. Teilen Sie den Urlaub in Ihrem Plan noch nicht auf, das könnte am Anfang demotivierend wirken. Gönnen Sie ihn sich lieber in Form von „Jokern", die Sie nach einer harten Arbeitswoche einsetzen können, um Ihr Wochenende zu verlängern.

6. Haken Sie ab, wenn Sie ein Arbeitspaket erfolgreich abgeschlossen haben, und belohnen Sie sich. Sie sind einen Schritt weitergekommen!

Sie werden sehen, dass Zeitpläne große Vorteile mit sich bringen. Sie haben damit das Gefühl, Ihre Zeit im wahrsten Sinn des Wortes „in der Hand" zu haben. Jonglieren Sie mit übersichtlichen Zeitpaketen und die Arbeit wird Ihnen leicht von der Hand gehen.

❶ **Tipp:**
Vergessen Sie bei Ihrer Arbeit die Außenwelt nicht. Suchen Sie beispielsweise in regelmäßigen Abständen Ihren Doktorvater auf, um ihm von Ihren Fortschritten zu berichten. Sonst könnte er glauben, Sie haben die Promotion fallen gelassen oder auf Eis gelegt.

3. Arbeitserfahrung für den Postdoc

3.1 Wissenswertes

Die Promotion liegt an dieser Stelle hinter Ihnen. Sie befinden sich nun an einer Weggabelung. Der eine Weg führt in die freie Wirtschaft, der andere zur Hochschulkarriere. Hier trennen sich noch einmal viele Forschinteressierte von der Uni. Auch Sie sollten sich Ihre Motive bewusst machen, damit Sie zielstrebig weitergehen können.

Den Weg zur freien Wirtschaft säumen vielleicht Haus, Familie und Garten, denn es ist Fakt: Sie werden dort in Ihrer momentanen Lage häufig mehr Geld verdienen, mehr Sicherheit genießen und möglicherweise sogar mehr Zeit haben. Familienplanung ist ein möglicher Aspekt, der Sie vielleicht den Hochschulweg verlassen lässt. Immerhin sind Sie nach der Promotion durchschnittlich 32,7 Jahre alt[1], was derartige Überlegungen zumindest nicht ganz abwegig erscheinen lässt.

Doch mit der Entscheidung zur Hochschulkarriere befinden Sie sich dennoch keineswegs auf dem Holzweg. Immerhin haben Sie bisher einen guten Start hingelegt. Sie sind qualifiziert für den weiteren Weg und Nachwuchswissenschaftler werden dringend gebraucht. Beleuchten Sie die Schritte, die vor Ihnen liegen, und überlegen Sie: Reizt Sie nur der Professorenberuf? In diesem Fall haben Sie noch einen kleinen Marathon mit unsicherem Ende vor sich. Oder reizt Sie bereits der Weg, die Tätigkeit, die Sie schon jetzt als Wissenschaftler ausüben? Die Forschung und die Lehre, die Sie in den kommenden Monaten und Jahren herausfordern wird? Sind Sie ein Typ, der befristete Stellen aufgrund ihrer Abwechslung liebt? Das spricht auf jeden Fall dafür, dass Sie hierher gehören: Ihr Beruf könnte Ihre Berufung sein. Nachfolgend Informationen darüber, was Sie als Postdoc erwartet.

---

1   A. a. O.

❶ Tipp:
Erstellen Sie eine zweispaltige Liste. Auf der einen Seite notieren Sie all das, was Sie an einer Hochschulkarriere reizt. Auf der anderen Seite halten Sie die Nachteile fest. Gehen Sie den nächsten Karriereschritt ganz bewusst!

Forschen, bis der Arzt kommt

Postdocs sind promovierte Akademiker, die unmittelbar nach der Promotion in speziell dafür ausgeschriebenen Jobs ihre wissenschaftlichen Fähigkeiten unter Beweis stellen und dabei Berufserfahrungen sammeln. Die Postdoc-Phase hat gewöhnlich eine Dauer von zwei bis vier Jahren. Oft werden in dieser Zeit verschiedene Stellen „ausprobiert."

Normalerweise arbeiten Postdocs an einem bestimmten Forschungsauftrag, wobei sie formal einem ordentlichen Professor als Assistent zugeordnet sind. Eine knapp befristete Stelle muss dabei nicht schlecht sein, sondern kann auch die Möglichkeit bieten, verschiedene Postdoc-Erfahrungen hintereinander zu sammeln, ohne dabei die gewöhnliche Dauer der Postdoc-Phase zu überschreiten.

❍ Info:
Das Postdoc-Konzept kommt ursprünglich aus den USA, wo es seit 1876 besteht.

Es gibt viele Argumente, die für die Postdoc-Phase sprechen. Sie gibt Ihnen die Möglichkeit, sich an einem konkreten Projekt zu profilieren, Ihren Forschungsschwerpunkt zu formen oder neu zu orientieren, sich wissenschaftlich auszurichten, Erfahrungen und Veröffentlichungen zu sammeln, die später für Ihre Karriere ausschlaggebend sind.

Ein Nachteil der Postdoc-Phase ist allerdings, dass sie Zeit kostet, die einige Ihrer Kollegen bereits für die folgenden Karriereschritte nutzen. Insbesondere wenn Sie bereits sehr lange studiert haben, können Sie daher überlegen, ob es für Sie infrage kommt, auf einer Postdoc-Stelle direkt zu habilitieren. Einige Nachwuchswissenschaftler gehen so vor, um Zeit einzusparen. Wägen Sie ab: Wie lange haben Sie studiert? Sind Sie wesentlich älter als der Durchschnitt der Postdocs? Insbesondere dann könnte sich diese Doppelbelastung lohnen, vorausgesetzt, dass Sie damit klarkommen.

So erhalten Sie eine Stelle

Es gibt vor allem drei Möglichkeiten, eine Postdoc-Stelle zu bekommen: Zunächst kann eine **Empfehlung des Doktorvaters** bei einem Kollegen zu einer Stelle führen. Diese Methode führt häufig zum Erfolg. Sprechen Sie hierfür Ihren Doktorvater an.

Zweitens können Sie sich direkt auf eine in Zeitungen oder im Internet **ausgeschriebene Postdoc-Stelle bewerben.** Ihr Erfolg hängt in diesem Fall davon ab, wie gut Ihr Profil auf das jeweilige Forschungsvorhaben passt. Haben Sie vielleicht bereits Ihre Bachelorarbeit zu einem ähnlichen Thema verfasst? Dann haben Sie gute Chancen.

Drittens gibt es auch für Postdocs **Stipendien,** mitunter auch für selbst zu schaffende Stellen in Absprache mit Ihrem Institut. Häufig sind Postdoc-Stipendien mit Graduiertenkollegs und Forschungsaufenthalten verbunden. Die Förderhöhe variiert bei der DFG nach Alter des Geförderten, Land, in dem das Stipendium durchgeführt wird und Familienstand bzw. Kinderanzahl. So erhält ein 1981 geborener Forschungsstipendiat ohne Kinder in einem Projekt in Deutschland aktuell 1.519 Euro, in Gambia würde er aber 2.954 Euro erhalten. Der Grundbetrag, den alle Forschungsstipendiaten mindestens erhalten, beläuft sich derzeit auf 1.416 Euro. Dazu gibt es einen Sachkostenzuschuss von 103 Euro. In einer nach Tarifvertrag vergüteten Stelle als wissenschaftlicher Mitarbeiter können Sie allerdings wesentlich mehr verdienen. In Deutschland werden Sie nach TVöD/TV-L E 13 bezahlt (außer in Berlin und Hessen), was monatlich bei einer Vollzeitstelle ein Einstiegsgehalt (Stufe 1) von 3.300 Euro brutto bedeutet.

Zum Vergleich: Ein Gymnasiallehrer erhält mit A 13 in etwa genauso viel, wobei sein Einstiegsalter durch die längere Studiendauer (Regelstudienzeit 10 Semester) und das Referendariat (Dauer: 1,5 bis 2 Jahre) üblicherweise ohne Promotion nur geringfügig unter Ihrem eigenen liegen müsste. Lassen Sie sich Ihren Verdienst also nicht miesmachen. Ignorieren Sie die Vorurteile, denen zufolge Hochschullehrer schlecht bezahlt werden. Ihre momentane Lage ist längst nicht so schlecht!

Wissenschaftler in Berlin und Hessen werden dagegen weiterhin nach BAT IIa bezahlt, was in der Regel ein deutlich geringeres Einkommen bedeutet (vgl. Kapitel 2.2). Wenn Sie mehr verdienen wollen, lohnt sich übrigens auch ein Blick über die Staatsgrenzen hinaus.

❶ Tipp:
Die DFG ist ein wichtiger Stipendiengeber für Postdocs. Zwischen 30 und 40 Prozent aller Postdoc-Anträge in der Einzelförderung haben dort Erfolg. Nähere Informationen finden Sie unter: www.dfg. de. Weitere wichtige Fördereradressen finden Sie im Anhang.

Einmal um die Welt ...

Auslandserfahrungen sind das A und O einer wissenschaftlichen Laufbahn. Ein provinzieller Lebenslauf kann Ihnen Chancen vermasseln, doch vor allem: Er kann Sie einiges an Spaß verpassen lassen. Während der Postdoc-Phase haben Sie nicht nur die Gelegenheit für einen Auslandsaufenthalt, sondern auch ein leichtes Spiel, eine Förderung hierfür zu erhalten. Greifen Sie also zu. In Kapitel 3.3 erfahren Sie, wie Sie sich eine Postdoc-Stelle im Ausland angeln können.

In einigen Ländern ist dabei der sogenannte Tenure Track, das heißt der Weg zu einer Festanstellung, besser ausgebaut als in Deutschland. In den USA führt beispielsweise eine erfolgreiche Postdoc-Stelle direkt zum Assistant Professor. Bewährt sich dieser, kann er zum Associate und schließlich zum Full Professor aufsteigen – oder aber er bleibt, wo er ist. Eine dauerhafte Rangelei um befristete Stellen wird folglich seltener. Das Phänomen, das deutsche Forscher in die USA zieht, hat eine feste Bezeichnung: „Brain drain."

❶ Tipp:
Die erste weltweite Online-Jobbörse für Postdocs finden Sie auf www.postdocjobs.com.

Im Februar 2014 legte die Expertenkommission Forschung und Innovation (EFI) ein Gutachten vor, das zu erschreckenden Ergebnissen kam: Viele der besten Nachwuchswissenschaftler wanderten demzufolge in den letzten Jahren in andere Länder ab. Die aktuell eingesetzten Rückholprogramme, die abgeworbene Forscher wieder nach Deutschland holen sollen, ziehen jedoch hauptsächlich weniger qualifizierte Wissenschaftler an. Zwischen 1996 und 2011 wanderten außerdem rund 4.000 Forscher mehr ab als neu nach Deutschland kamen. Besonders beliebt sind bei den abwandernden Forschern nach wie vor die USA sowie die Schweiz. Zwei der Hauptgründe könnten darin liegen, dass Wissenschaftlern in Deutschland beruflich wenig Sicherheit und im Vergleich zu den Abwanderländern geringere Einkommen geboten werden. Doch werfen wir zunächst einen Blick darauf, was Ihnen auch in Deutschland geboten wird. In den folgenden Kapiteln erfahren Sie alles über die wichtigsten Fördermöglichkeiten für Postdocs.[2]

---

2 SPIEGEL online veröffentlichte hierzu einen spannenden Bericht: http://www.spiegel.de/unispiegel/jobundberuf/spiegel-zu-braindrain-wissenschaftler-wandern-ab-a-955141.html; vom 23.02.2014; zugegriffen am 24.07.2014.

❓ Test: Will ich wirklich Wissenschaftler werden?

Kreuzen Sie die Antwort an, die am ehesten auf Sie zutrifft.

1. **Hand aufs Herz: Wofür schlägt es?**
   - ○ a. für das Professorenamt
   - ○ b. für die Forschung an sich
   - ○ c. für einen sicheren Job mit geregeltem Einkommen

2. **„Der Spatz in der Hand ist besser als die Taube auf dem Dach." Wie beurteilen Sie dieses Sprichwort in Bezug auf Ihre beruflichen Entscheidungen?**
   - ○ a. Der Griff nach der Taube ist die einzige Möglichkeit, meine Träume zu verwirklichen. Mit den Folgen werde ich schon klarkommen.
   - ○ b. Das lässt sich nur kontextgebunden beurteilen.
   - ○ c. Absolut korrekt. Bei meiner Karriere will ich kein Risiko eingehen.

3. **Wie stellen Sie sich Ihren idealen Arbeitsplatz vor?**
   - ○ a. Ein kleines Büro genügt, wenn es ein großes Bücherregal hat
   - ○ b. Ein Großraumbüro mit möglichst viel Kontakt zu anderen
   - ○ c. Mein eigenes Büro mit angrenzendem Meetingraum

4. **Welche Eigenschaften kennzeichnen am ehesten Ihren Traumjob?**
   - ○ a. Tiefgang und detektivischer Spürsinn
   - ○ b. Abwechslung und interessante Menschen
   - ○ c. Regelmäßigkeit und Sicherheit

5. **Was können Sie am wenigsten akzeptieren?**
   - ○ a. einen Bürojob
   - ○ b. abhängig zu sein
   - ○ c. nicht zu wissen, wo ich in einem Jahr bin

Zählen Sie nach, wie oft Sie die jeweiligen Buchstaben angekreuzt haben. Geben Sie sich dabei für jedes A drei Punkte, für jedes B zwei Punkte und für jedes C einen Punkt. Die Punkte stellen keine Wertung dar. Lesen Sie dann in der Auflösung nach.

12–15 Punkte

Will ich wirklich Wissenschaftler werden? Ja, das wollen Sie! Mit Ihrer Sicht der Dinge verwandeln sich selbst die potenziellen Nachteile einiger wissenschaftlicher Berufe in Herausforderungen, die es zu meistern gilt. Sie haben sich mit ganzer Seele dem Lehren und Forschen verschrieben. Und wahrscheinlich sind Sie hier gut aufgehoben.

8–11 Punkte

Eine Überlegung ist es wert ... Es gibt so viele Möglichkeiten. Ein Job in der freien Wirtschaft will auch ausprobiert sein. Zumindest eine Zeit lang, denn eigentlich reizt Sie die Hochschulkarriere doch. Die gute Nachricht: Das lässt sich vereinbaren. Lesen Sie hierzu beispielsweise Kapitel 8.1 und 8.2.

1–7 Punkte

Die Testfrage ist berechtigt. So ganz sicher sind Sie sich noch nicht über Ihren neuen Traumjob an der Hochschule. Sie sollten sich eingehend darüber informieren, ob Sie sich auf all das wirklich einlassen wollen. Sprechen Sie doch einmal mit Ihrem Doktorvater darüber!

3.2 Stellen im Inland

Sie haben sich entschieden: Sie wollen nach der Promotion Arbeitserfahrungen an der Hochschule sammeln. Die nächste Frage, die sich stellt, ist: Inland oder Ausland?

Obwohl Auslandserfahrungen ein sehr zentraler Karrierefaktor sind, kann es Gründe geben, eine Postdoc-Stelle im Inland vorzuziehen. Vielleicht bindet Sie ein historisches oder linguistisches Forschungsvorhaben an Deutschland. Sie möchten aus familiären Gründen nicht in die Ferne. Oder Sie haben bereits eine bestimmte Postdoc-Stelle im Auge, die sich für Sie einfach ideal anbieten würde. Im Folgenden finden Sie die wichtigsten Möglichkeiten, an eine Postdoc-Stelle im Inland zu gelangen und Förderungen dafür zu beantragen:

1. Bewerbung auf Ausschreibungen
2. Einwerben der eigenen Stelle
3. Beantragen von Sachbeihilfen
4. Koordinierte Programme
5. Als Postdoc im Graduiertenkolleg

Bewerbung auf Ausschreibungen

Postdoc-Stellen werden sowohl von Hochschulen als auch von außeruniversitären Forschungseinrichtungen per Ausschreibung vergeben. Meist arbeiten Sie als wissenschaftlicher Mitarbeiter (lesen Sie hierzu Kapitel 2.2) an einem Projekt, das Ihrem individuellen Forschungsschwerpunkt Struktur verleihen sollte. Bei der Auswahl Ihrer Stelle ist es daher wichtig, darauf zu achten, dass Sie sich ein eigenes Forschungsprofil erarbeiten, das Sie fachlich definiert.

❶ Tipp:
> Eine Übersicht über die aktuell zu vergebenden Postdoc-Stellen finden Sie auf www.academics.de.

Für die Bewerbung kann es sehr hilfreich sein, wenn Sie ein Empfehlungsschreiben Ihres Doktorvaters beilegen. Haben Sie bereits in anderen wissenschaftlichen Bereichen gearbeitet, legen Sie ruhig mehrere solcher Schreiben bei. Die folgende Checkliste dient als Anhaltspunkt für die Bewerbung auf ausgeschriebene Stellen.

✓ Checkliste für die Bewerbung auf eine Postdoc-Stelle:

Recherche: Verfügen Sie über ausreichende Informationen über das Institut?

Kontakte: Haben Sie das nötige Wissen über die dort tätigen Personen?

Aktuelles: Kennen Sie die jüngsten Veröffentlichungen des Instituts?

Vorfassen: Nehmen Sie telefonisch Kontakt auf. Stellen Sie Fragen und machen Sie damit bereits im Vorfeld auf sich aufmerksam.

Anschreiben: Vermittelt Ihr Anschreiben in sachlich-knapper Form präzise, dass Sie der ideale Kandidat für den Job sind?

Lebenslauf: Ist Ihr Lebenslauf den Anforderungen der Ausschreibungen ideal angepasst?

Veröffentlichungsliste: Ist sie aktuell und beinhaltet nach Möglichkeit Artikel, die für die Stelle interessant sein könnten?

Empfehlungsschreiben: Liegen Ihrer Bewerbung Empfehlungsschreiben bei?

Nachfassen: Drei Wochen vorbei und noch keine Antwort? Schicken Sie eine freundliche E-Mail, um sich ins Gedächtnis zurück zu rufen.

Einwerben der eigenen Stelle

Eine zweite Möglichkeit, mit der Sie eine für Sie ideale Postdoc-Stelle in Deutschland finden können, ist, diese nach eigenen Vorstellungen selbst zu schaffen. Wenn Sie bereits ein Forschungsvorhaben sowie eine Hochschule, andere Forschungseinrichtung oder ein Unternehmen haben, das Ihnen die Rahmenbedingungen zur Durchführung ermöglicht und als Arbeitgeber auftritt, können Sie die Mittel für eine eigene Stelle über die DFG einwerben.

Hierzu stellen Sie bei der DFG einen Antrag, der Ihnen bei Bewilligung für die Dauer von zunächst drei Jahren die Forschung an Ihrem Projekt ermöglicht. Vergütet werden Sie dabei in der Regel wie ein wissenschaftlicher Mitarbeiter, der über die Hochschule bezahlt wird, nach Entgeltgruppe TVöD/TV-L E 13 bzw. nach BAT IIa/BAT-O IIa.

Beantragen von Sachbeihilfen

Vielleicht haben Sie bereits eine Stelle, beispielsweise als wissenschaftlicher Mitarbeiter. Dennoch gibt es auch für Sie Möglichkeiten, in der Postdoc-Phase besonders gefördert zu werden. Beispielsweise können Sie bei der DFG Sachbeihilfen beantragen. Unterstützung ist hier grundsätzlich für all das möglich, was in Zusammenhang mit Ihrem wissenschaftlichen Forschungsvorhaben steht, beispielsweise Personalkosten, wenn Sie für die Durchführung des Projekts wissenschaftliches Personal beschäftigen müssen, Geräte und Verbrauchsmaterial, auch Reisekostenzuschüsse und Kursgebühren zu Kurslehrgängen und Ferienkursen.

Die Voraussetzung zum Beantragen von Sachbeihilfen ist, dass Sie über die „Grundausstattung" für Ihr Forschungsvorhaben verfügen, was bedeutet, dass Sie in einem Beschäftigungsverhältnis an einer Hochschule oder einem Forschungsinstitut stehen müssen, mit dem Sie Ihren Lebensunterhalt verdienen.

Vielleicht zögern Sie noch. Zumindest zeigen viele frisch Promovierte zunächst Berührungsängste bei der Antragstellung zur Bewilligung von Forschungsgeldern. Seit 2009 hat daher die DFG als neues Förderinstrument die „Startförderung" eingeführt, die Erstantragstellende dazu ermutigen soll, zu vereinfachten Bedingungen am Wettbewerb um Fördergelder teilzunehmen. Sie müssen Ihren Antrag lediglich als „DFG-Erstantrag" kennzeichnen, um hier besonders berücksichtigt zu werden. Versuchen Sie es!

❶ Tipp:
Das Essay „Wie stelle ich einen Forschungsantrag?" erläutert Schritt für Schritt, wie Sie an die Fördergelder herankommen. Sie können es kostenlos im Internet downloaden: www.forschung.uni-oldenburg.de/download/Wie_stelle_ich_einen_Antrag_2006.doc, geprüft: 25.07.2014.

Koordinierte Programme

Die bisherigen Förderungen betreffen Projekte einer Einzelperson, also Sie und Ihr Forschungsvorhaben. Insbesondere wenn Sie gerne mit anderen Forschern zusammenarbeiten, haben Sie alternativ die Möglichkeit, sich auf die „koordinierten Programme" der DFG zu bewerben. Hierunter fallen Sonderforschungsbereiche, Forschergruppen, Exzellenzcluster und Graduiertenkollegs. Nachfolgend, was hierunter im Einzelnen zu verstehen ist.

Sonderforschungsbereiche sind Forschungseinrichtungen der Hochschulen, die vom DFG gefördert werden. Hier arbeiten Wissenschaftler verschiedener Disziplinen gemeinsam an bestimmten Programmen. Sonderforschungsbereiche können dabei für einen Zeitraum von bis zu zwölf Jahren angelegt sein. Eine Liste aller aktuellen Sonderforschungsbereiche finden Sie auf der Webseite der DFG. Für eine Teilnahme an einem bestimmten Bereich bewerben Sie sich direkt an der Hochschule.

Wer die Zusammenarbeit mit anderen Forschern sucht, kann außerdem in einer **Forschergruppe** gut aufgehoben sein. Die DFG fördert meist über einen Zeitraum von sechs Jahren eine Gruppe von Forschern, die sich gemeinsam einem Thema widmet. Eine Liste der derzeit geförderten Forschergruppen können Sie ebenfalls auf der Webseite der DFG einsehen.

Neben Sonderforschungsbereichen und Forschergruppen gibt es neuerdings **Exzellenzcluster,** die eines der Resultate der Exzellenzinitiative des Bundes und der Länder zur Förderung von Wissenschaft und Forschung an deutschen Hochschulen sind. Auch hier arbeiten Gruppen von Wissenschaftlern verschiedener Fachgebiete gemeinsam an einem Thema von gesellschaftlicher oder wirtschaftlicher Relevanz. Die Exzellenzcluster werden von den Universitäten beantragt und sollen dazu beitragen, das Profil einer Hochschule zu stärken.

Auch **Graduiertenkollegs** können übrigens in Sonderforschungsbereiche integriert werden, wenn an der Hochschule noch keine anderen geeigneten Programme vorhanden sind. Graduiertenkollegs zielen auf die Förderung des wissenschaftlichen Nachwuchses, insbesondere der Doktoranden, ab und werden von der DFG bis zu neun Jahre lang gefördert (lesen Sie hierzu auch Kapitel 2.3). Neben Doktoranden kann es unter Umständen auch für Postdocs förderlich sein, einem Graduiertenkolleg angeschlossen zu sein.

Als Postdoc im Graduiertenkolleg

Auch nach der Promotion haben Sie die Möglichkeit, in einem Graduiertenkolleg der DFG zu forschen. Hierfür können Sie ein Stipendium erhalten. Informieren Sie sich zunächst, ob es ein Graduiertenkolleg zu Ihrem Forschungsschwerpunkt gibt. Eine ständig aktualisierte Liste der bestehenden Graduiertenkollegs finden Sie auf der Webseite der DFG. Den Link können Sie auch dem Anhang dieses Buchs entnehmen.

Nehmen Sie dann direkt Kontakt mit dem Kolleg auf und bewerben Sie sich dort. Die Stipendien betragen aktuell nach Alter gestaffelt ab etwa 1.400 Euro monatlich für einen Zeitraum von bis zu zwei Jahren. Ganz neu wurde die Stipendienfinanzierung in Graduiertenkollegs für Familien deutlich verbessert. Zusätzlich zum Stipendium wird beim ersten Kind eine monatliche Förderung von 400 Euro gewährt, beim zweiten Kind noch einmal 100 Euro zusätzlich. Der Förderzeitraum kann mit Kind auch um max. ein Jahr verlängert werden.

Eine Postdoc-Stelle im Graduiertenkolleg lohnt sich für Sie insbesondere dann, wenn Sie Ihren Forschungsschwerpunkt nach der Promotion noch einmal wechseln wollen und Zeit brauchen, um neue Erfahrungen zu sammeln und Veröffentlichungen vorzubereiten. Achten Sie allerdings darauf, sich nicht unnötig zu verzetteln. Machen Sie sich auf jeden Fall vorher Ihre Ziele und Absichten klar!

❶ **Tipp:**
Auch die einzelnen Bundesländer vergeben Postdoc-Stipendien. Informieren Sie sich an Ihrer Uni.

3.3 Stellen im Ausland

Gerade wenn Sie Studium und Promotion an derselben Uni in Deutschland absolviert haben und bisher keine Forschungsreisen unternehmen konnten, sei Ihnen ein Auslandsaufenthalt besonders ans Herz gelegt. Neben dem wichtigen Karriereaspekt kann Ihnen die Erfahrung auch fachlich und persönlich gut tun. So lernen Sie Ihr Fach vielleicht noch einmal aus einem ganz neuen Blickwinkel kennen, Sie festigen Ihre Sprachkenntnisse und gewinnen Selbstbewusstsein durch die größere Eigenständigkeit.

Die meisten Stipendiengeber für Postdocs sind bereits auf Auslandserfahrungen ausgerichtet, was Ihnen die Organisation wesentlich erleichtert.

Im ersten Schritt sollten Sie sich überlegen, welches Ziel Sie mit der Postdoc-Phase verfolgen. Wenn Sie einen bestimmten Forschungsschwerpunkt, beispielsweise einen Bereich aus Ihrer Dissertation, festigen wollen, werden Sie gezielt nach Instituten suchen, die in eine vergleichbare Richtung forschen.

Denken Sie anhand Ihres Ziels darüber nach, wohin Sie möchten. Lesen Sie bei der Recherche alles, was Sie über das jeweilige Institut bzw. die Forschungseinrichtung finden können. Downloaden Sie die aktuellen Veröffentlichungen und überzeugen Sie sich davon, dass Sie eine Stelle dort beruflich weiterbringt. Ihre Zeit ist schließlich eine wertvolle Ressource, mit der Sie wohlüberlegt umgehen sollten.

Sie wissen, wohin Sie wollen? Im zweiten Schritt durchforsten Sie die Stellenanzeigen. Falls Sie nicht fündig werden, erkundigen Sie sich an den Instituten Ihrer Wahl, ob in nächster Zeit eine Stelle angeboten wird. Wenn das der Fall ist, bewerben Sie sich. Lesen Sie hierzu auch die Checkliste in Kapitel 3.2.

❶ Tipp:
Aktuelle Stellenangebote im Ausland finden Sie hier: www.academics.de/stellenangebote/offene_stellenangebote_weltweit_5.html

Wird keine Stelle am Institut Ihrer Wahl ausgeschrieben, bleibt Ihnen die Möglichkeit zur Verhandlung. Können Sie dort arbeiten, wenn Sie die nötigen Mittel selbst mitbringen? Dann brauchen Sie Geld, um Ihr Vorhaben umsetzen zu können. Hier hilft der folgende Überblick über Forschungsförderungen für Postdocs. Die Voraussetzung ist normalerweise, dass Sie eine sehr gute Promotion vorzuweisen haben und Ihr Antrag überzeugt.

Gibt es übrigens selbst dann keine Möglichkeit am Institut Ihrer Träume unterzukommen, wenn Sie die nötigen Mittel mitbringen, kann es sich lohnen, wenn Sie nach einer Empfehlung fragen. Vielleicht finden Sie hierüber eine andere Stelle, die geeignet ist, um Ihr Postdoc-Ziel zu erreichen.

Forschungsförderungen für Postdocs im Ausland

Nachwuchswissenschaftler aller Fachdisziplinen mit Promotion können sich um ein **Forschungsstipendium der DFG** bewerben. Bis zu zwei Jahre ermöglicht Ihnen dieses, an einem Ort Ihrer Wahl im Ausland zu forschen. Sie erhalten dabei einen Stipendiengrundbetrag, der sich nach Ihrem Alter richtet und aktuell zwischen ca. 1.365 Euro und 1.518 Euro monatlich beträgt, sowie einen Auslandszuschlag, der sich nach dem besuchten Land richtet, und eine Pauschale für Sach- und Reisekosten (pro Monat aktuell 103 Euro). Publikationskosten können ebenfalls übernommen werden. Ihr Projekt sollte neben einer hohen Forschungsqualität auch internationales Niveau haben.

Diese Fördermöglichkeit ist übrigens insbesondere für Eltern interessant, da zusätzliche Unterstützung für Erziehungsleistungen vorgesehen ist und in diesem Zusammenhang auch eine Laufzeitverlängerung um bis zu zwölf Monate ermöglicht wird.

Wenn Sie bereits eine eigenständige wissenschaftliche Tätigkeit nachweisen können, verfügen Sie über die Voraussetzung, um einen Antrag auf Förderung eines Projekts Ihrer Wahl an einer Forschungseinrichtung im Ausland bei der Alexander-von-Humboldt-Stiftung einzureichen. Die sogenannten **Feodor-Lynen-Forschungsstipendien** haben eine Dauer von sechs bis 24 Monaten, die Stipendienhöhe ist identisch mit der der Forschungsstipendien der DFG. Auch bei diesem Stipendium erhalten Eltern zusätzliche Unterstützung.

Eine weitere Möglichkeit, Ihr Forschungsprojekt im Ausland zu finanzieren, bietet der **Deutsche Akademische Auslandsdienst (DAAD)**. Für die Dauer eines Studienjahres haben Studierende und Promovierte aller Fächer die Möglichkeit, ein **Jahresstipendium** zu erhalten. Dotiert ist dieses mit einem Grundbetrag sowie einem nach Zielländern variierenden Auslandsbetrag. Es ergibt sich eine monatliche Gesamtförderung in der Spanne von 925 Euro (Zielländer Vietnam, Nepal, Laos u. a.) bis 1.650 Euro (Zielland Japan).

Fachspezifische Programme

Die bisher genannten Programme richten sich an Postdocs aller Fächergruppen. Zusätzlich kann es für Sie interessant sein, sich über fachspezifische Programme zu erkundigen. Insbesondere wenn Sie einem wenig frequentierten oder besonders stark geförderten Fachbereich zugehören, verspricht diese Möglichkeit Erfolg.

So können beispielsweise Wirtschafts-, Sozial- und Rechtswissenschaftler durch die „**Schumpeter-Fellowships**" der Volkswagenstiftung für ein Jahr am Ort der Wahl gefördert werden. Naturwissenschaftler und Mediziner werden für zwei Jahre im „**Leopoldina-Förderprogramm**" der Deutschen Akademie der Naturforscher Leopoldina an einer Hochschule im Ausland fündig. Nachwuchswissenschaftler aus den Bereichen der „Lebenswissenschaften" haben die Möglichkeit, sich beim gemeinsamen **Förderprogramm von DFG und National Institute of Health (NIH)** um ein Stipendium in den USA zu bewerben. Die Förderdauer beträgt hier fünf bis sechs Jahre. Für Geisteswissenschaftler gibt es die „**Dilthey-Fellowships für Geisteswissenschaftler**", die ebenso von der Volkswagenstiftung gemeinsam mit der Fritz-Thyssen-Stiftung getragen werden. Den Forschern werden hier Personal- und Sachmittel für eine Dauer von fünf Jahren (Verlängerung möglich) gewährt.

Erkundigen Sie sich also auf jeden Fall nach den Postdoc-Programmen in Ihrem Fachbereich!

Landesspezifische Fördermöglichkeiten

Wenn Sie in Ihrem Fachbereich nicht fündig werden, gibt es außerdem Postdoc-Förderungen der Zielländer, auf die Sie sich für Ihren Auslandsaufenthalt bewerben können.

Das Deutsche Historische Institut in London vergibt beispielsweise sechsmonatige Postdoc-Stipendien an Nachwuchswissenschaftler, die sich mit den deutsch-britischen Beziehungen befassen. Aktuell sind diese mit 2.200 Euro monatlich dotiert. Die Stiftung für Kanada-Studien fördert Postdocs im Bereich der Kanada-Studien für maximal neun Monate in Kanada, wofür maximal 12.000 Euro bezahlt werden. Fragen Sie an der Auslands-Uni Ihrer Wahl nach landesspezifischen Fördermöglichkeiten, die für Sie infrage kommen könnten.

Fördermöglichkeiten für Frauen

Zuletzt sei erwähnt, dass Sie als Frau spezifische Fördermöglichkeiten in Anspruch nehmen können. Hier sei beispielsweise auf die American Association of University Women verwiesen, die Stipendien für Forschungs- und Auslandsaufenthalte an graduierte Frauen vergibt. Die Frauenbeauftragte der Universität Ihrer Wahl kann Sie gegebenenfalls über weitere Stipendien für Frauen informieren.

Alternativen zur Postdoc-Stelle

Sie haben das Kapitel bis zu dieser Stelle gelesen und noch immer nicht die ideale Fördermöglichkeit als Postdoc gefunden? Dann bleiben Ihnen folgende Möglichkeiten:

1. Sie können den Auslandsaufenthalt aufschieben und direkt habilitieren. Lesen Sie hierzu weiter in Kapitel 4.1.
2. Sie können sich direkt auf eine Position als Nachwuchsgruppenleiter bewerben. Auch hier ist ein Auslandsaufenthalt möglich. Lesen Sie weiter in Kapitel 5.1.
3. Sie können sich auf eine Stelle an der Hochschule bewerben, beispielsweise auch als Juniorprofessor. Lesen Sie hierzu Kapitel 6.1.
4. Sie können eine Stelle in der freien Wirtschaft in Angriff nehmen. Mit der nötigen Berufserfahrung ist es später im richtigen Fach eventuell noch möglich, eine Fachhochschulprofessur ins Auge zu fassen.

4. Ankommen und Weitergehen: Auf dem Weg zur Habilitation

4.1 Wissenswertes

„Studium, Promotion, Postdoc-Erfahrungen ... Genügt das nicht langsam?", fragen Sie sich vielleicht. Und ja, es genügt völlig, wenn es Ihr Ziel ist, an der Hochschule zu arbeiten. Das tun Sie ja bereits!

Bisweilen entsteht dagegen häufig der Eindruck, dass Hochschulmitarbeiter das Tätigkeitsfeld wie einen Bergaufstieg betrachten, bei dem allein das Gipfelkreuz den Sinn des Ganzen rechtfertigt. Dabei scheinen alle Berufsfelder auf das Professorenamt zuzulaufen. Befreien Sie sich von diesem Glauben, denn Sie haben als Wissenschaftler sehr viel mehr Chancen. Und seien wir ehrlich: Das Gipfelkreuz kann nicht der Sinn des Bergaufs sein. Versuchen Sie also, den Weg zu genießen, und verweilen Sie einen Moment dort, wo es Ihnen gefällt. Nach der Postdoc-Phase bietet sich sogar eine ganze Kreuzung voller Wege an:

1. eine Tätigkeit als wissenschaftlicher Angestellter[1], in der Regel verbunden mit einer Habilitation
2. Verbeamtung auf Zeit oder Lebenszeit als Akademischer Rat mit Aufstiegschancen zum Akademischen Oberrat, Akademischen Direktor und Leitenden Akademischen Direktor, bei Befristung normalerweise in Verbindung mit einer Habilitation
3. eine Stelle als Nachwuchsgruppenleiter
4. eine Juniorprofessur

---

[1] Die Stellenbezeichnung deckt sich mit der eines wissenschaftlichen Mitarbeiters im Angestelltenverhältnis. Dennoch soll hier der gebräuchliche Begriff „wissenschaftlicher Angestellter" verwendet werden, um einerseits den Unterschied zum Mitarbeiter im Beamtenverhältnis herauszustellen und andererseits Verwechslungen mit dem wissenschaftlichen Mitarbeiter vor der Promotion zu verhindern. Die Vergütung ist jedoch dieselbe. Mehr dazu finden Sie in Kapitel 4.2.

1. Berufserfahrung (mindestens fünf Jahre, drei davon außerhalb der Hochschule) und Bewerbung auf eine Fachhochschulprofessur (keine Habilitation nötig)

Der erste Weg wird in Kapitel 4.2 näher erläutert. Mit Weg zwei beschäftigt sich Kapitel 4.3. Beiden Wegen gemeinsam ist die Habilitation. Im Folgenden wird erklärt, wozu nach der Promotion noch einmal ein längeres Werk bzw. viele kleinere Werke zur Qualifikation erstellt werden sollen. Zum dritten Weg, der auch unmittelbar nach der Promotion eingeschlagen werden kann, finden Sie schließlich in Kapitel 5.1 und 5.2 die nötigen Informationen. Die Juniorprofessur wird in den Kapiteln 6.1 und 6.2 behandelt. Zuletzt wird ein Weg an die Fachhochschule in den Kapiteln 8.1 und 8.2 nachgezeichnet.

Habilitation – die höchstrangige Prüfung an deutschen Unis

Der Begriff „Habilitation" kommt aus dem Lateinischen (von *habilitare*) und bedeutet „befähigen, geschickt machen." Während mit der Promotion die spezielle Fähigkeit zur vertieften wissenschaftlichen Arbeit nachzuweisen war, ist nun die Befähigung zur Lehre im eigenen Fachbereich, auch lateinisch *facultas docendi* genannt, zu prüfen.

Zum Nachweis dieser Fähigkeit muss eine Habilitationsschrift verfasst werden, die neben einem höheren methodischen Anspruch auch neue wissenschaftliche Ergebnisse enthalten soll. Alternativ können mehrere kleine, bereits veröffentlichte Schriften eingereicht werden, die sogenannte kumulative Habilitation. Beigelegt werden außerdem weitere Veröffentlichungen und ein Nachweis über Erfahrungen in der Lehre, der auch über eine öffentliche Vorlesung eingeholt werden kann.

Das Habilitieren dauert durchschnittlich 4,8 Jahre[2], wobei zwischen den Fächern große Unterschiede bestehen, die sich zeitlich auf bis zu neun Jahre hinziehen können. Während dieser Zeit sollte der Habilitand in einer der oben genannten Stellen tätig sein.

---

2   Ewald Berning: Die Habilitation ersatzlos abschaffen? Ergebnisse einer Studie zum Habilitationswesen in Bayern. In: Birgit Ufermann (Redaktion): Handbuch für den wissenschaftlichen Nachwuchs. 9. Auflage. Bonn, Deutscher Hochschulverband, 2009. Seite 262.

Es ist keine Pflicht zu habilitieren, nicht einmal, wenn das Ziel das Professorenamt ist, und es gibt verschiedene Ansichten darüber, ob die Habilitation aufgrund ihrer langen Dauer noch zeitgemäß ist. Sie ist jedoch traditionell die höchstrangige Prüfung, die in Deutschlang überhaupt abgelegt werden kann, und hat damit auf jeden Fall einen gewissen Prestigewert. Darüber hinaus lösen sich einige Fächer ungern von der Voraussetzung der Habilitation zur Lehre, was sogar so weit geht, dass einige Juniorprofessoren „nebenbei" zusätzlich habilitieren, um sich alle Chancen offenzuhalten. Ein solcher indirekter „Zwang" zur Habilitation ist natürlich problematisch und es bleibt zu hoffen, dass die neueren Wege zur Lehrbefähigung, Juniorprofessur und Nachwuchsgruppenleitung, mit der Zeit durchweg in allen Fächern gleichwertige Alternativen werden. Gerade dann wird die Vielfalt der beruflichen Möglichkeiten, die sich hier ergeben, auf Nachwuchswissenschaftler motivierend wirken.

O Info:
> Die Habilitation gibt es nicht nur in Deutschland. Weit verbreitet ist sie unter anderem auch in Österreich, der Schweiz, Spanien, Frankreich, Polen und Tschechien.

Spezies Habilitand

Betrachten wir die aktuelle Population der Habilitanden. Sie sind zum Großteil männliche (76 Prozent[3]) Humanmediziner, gefolgt von Sprach- und Kulturwissenschaftlern und schließlich Mathematikern und Naturwissenschaftlern. Die wenigsten Habilitationen findet man unter den Veterinärmedizinern.

Das Durchschnittsalter der Habilitanden bei Abschluss variiert stark nach Fächergruppen. Am jüngsten sind die Wirtschaftswissenschaftler mit 36,5 Jahren.[4] Die Naturwissenschaftler sind mit knapp unter 40 Jahren etwas schneller als die Sprach- und Kulturwissenschaftler sowie Inge-

---

3   Quelle: www.tagesspiegel.de/magazin/wissen/Gleichstellung-Professorinnen; art304, 2840519, erschienen im Tagesspiegel vom 6. 7. 2009.
4   Ewald Berning: Die Habilitation ersatzlos abschaffen? Ergebnisse einer Studie zum Habilitationswesen in Bayern. In: Birgit Ufermann (Redaktion): Handbuch für den wissenschaftlichen Nachwuchs. 9. Auflage. Bonn, Deutscher Hochschulverband, 2009. Seite 262.

nieure mit durchschnittlich 42 Jahren. Am ältesten sind hierzulande bei Abschluss der Habilitation die Kunstwissenschaftler mit 43 Jahren.

Wenn Sie sich gerade im Studium befinden und bereits Pläne für Ihre Karriere bis hierhin schmieden, brauchen Sie daher die Konkurrenz zumindest dem Alter nach nicht zu fürchten. Wenn Sie Ihr Studium etwa bis zum 25. Lebensjahr abschließen, für Ihre Promotion je nach Fach etwa drei Jahre brauchen und danach noch eine Postdoc-Phase von etwa zwei Jahren anhängen, um sich den Wind der Ferne um die Nase wehen zu lassen, haben Sie, etwaige Auszeiten nicht eingerechnet, ein Alter von 30 Jahren erreicht. Fangen Sie dann bald mit der Habilitation an, sollte es nicht schwer sein, sich als verhältnismäßig junger Habilitand in die Population einzureihen.

Habilitieren – so wird's gemacht

Wie also geht habilitieren? Voraussetzungen sind zunächst ein abgeschlossenes Hochschulstudium sowie eine Promotion. Darüber hinaus sollten Sie erste Erfahrungen in Forschung und Lehre gesammelt haben, wie sie beispielsweise eine Postdoc-Stelle mit sich bringt.

Hinzu kommen gegebenenfalls fachbereichsspezifische Voraussetzungen, beispielsweise in den Rechtswissenschaften das Bestehen der Zweiten Juristischen Staatsprüfung oder in Medizin die Bestallung oder Approbation als Arzt oder Zahnarzt. Informieren Sie sich hier direkt vor Ort. Auskunft kann Ihnen jeder Hochschullehrer Ihres Fachbereichs geben.

❶ Tipp:
Die Habilitationsordnungen können sich zwischen den einzelnen Universitäten geringfügig unterscheiden. Lesen Sie daher möglichst frühzeitig in der für Sie zuständigen Ordnung an der Hochschule nach.

Zunächst stellen Sie einen Antrag auf Annahme als Habilitand, den Sie an den Dekan Ihrer Fakultät adressieren. Der Antrag enthält üblicherweise neben Ihrem Lebenslauf, Hochschulzeugnissen und der Promotionsurkunde eine Liste mit Ihren bisher abgehaltenen Lehrveranstaltungen und Vorträgen, einen Bericht über Ihre Forschungsleistungen bis dato sowie ein Verzeichnis Ihrer wissenschaftlichen Veröffentlichungen. Außerdem fügen Sie ein amtliches Führungszeugnis bei, das Sie beim Einwohnermeldeamt beantragen können, sowie die formal notwendige Erklärung darüber, dass Ihnen bisher kein akademischer Grad entzogen wurde und Sie nicht bereits weitere Habilitationen begonnen haben.

Der Dekan leitet den Antrag nach ausgiebiger Prüfung an den Fachbereichsrat weiter, der über Ihre Annahme entscheidet. Im Fall eines positiven Ausgangs wird normalerweise ein Fachmentorat bzw. eine Habilitationskommission aus Hochschullehrern zusammengestellt, deren Aufgabe es ist, das Habilitationsverfahren wissenschaftlich zu „begleiten." Hier finden Sie in den folgenden Jahren Ihre Ansprechpartner, wenn Sie organisatorische Fragen zu Ihrer Habilitationsschrift haben, Ihnen die festgelegte Zeit nicht ausreicht und Sie eine Verlängerung benötigen oder Sie im Rahmen einer Zwischenevaluation (meist nach zwei Jahren) beurteilt werden.

Auch die wissenschaftliche Begutachtung Ihrer Arbeit fällt unter den Zuständigkeitsbereich des Mentorats, und falls Ihre Habilitationsschrift nicht den Ansprüchen genügt, wird darüber ebenfalls das Fachmentorat entscheiden. Sie merken also, dass diesem Mentorat eine zentrale Rolle in Ihrem Verfahren zukommt und Sie daher darauf achten sollten, einen guten Eindruck zu hinterlassen.

Ihre Tätigkeit im Rahmen des Habilitationsverfahrens besteht in den folgenden Jahren darin, dass Sie die Habilitationsschrift bzw. die Aufsätze für eine kumulative Habilitation verfassen und außerdem Erfahrungen in der Lehre sammeln. Unter bestimmten Voraussetzungen sind auch Gruppenveröffentlichungen möglich. Tauschen Sie sich dazu soweit wie möglich mit dem Fachmentorat aus. In einigen Universitäten ist es üblich, dass Sie außerdem am Ende eine öffentliche Probevorlesung mit anschließendem wissenschaftlichem Gespräch abhalten. Über die Einzelheiten gibt Ihnen in diesem Fall die Habilitationsordnung Ihrer Universität Auskunft.

Am Ende entscheidet das Mentorat als erste Instanz über Ihre Lehrbefähigung und gibt seine Entscheidung dem Fachbereichsrat bekannt. Letzterer hat eine festgelegte Frist, um eine endgültige Entscheidung zu treffen. Im positiven Fall wird nach Ablauf Ihre Lehrbefähigung festgestellt. Sie erhalten eine Habilitationsurkunde.

Was Sie davon haben

„Eine Urkunde? Und was habe ich davon?", fragen Sie vielleicht. Zunächst die Vorteile: Von nun an sind Sie selbstständig und eigenverantwortlich zur wissenschaftlichen Lehre an der Hochschule berechtigt und erhalten damit die sogenannte *venia legendi* (Lehrbefugnis).

Außerdem dürfen Sich sich von nun an „Privatdozent" nennen. In einigen Bundesländern hat dies die Funktion eines zusätzlichen akademischen Titels und Sie dürfen Ihren Namen erneut um mindestens zwei Buchstaben verlängern. Das kann nur ein einleitendes „PD" sein oder aber in anderen Bundesländern (z. B. Brandenburg) sogar ein weiterer Doktorgrad, den sie anbauen können: den „Dr. habil." In Nordrhein-Westfalen dürfen Sie dagegen nur ein „habil." anhängen. Wenn Sie Titel mögen, erkundigen Sie sich also vorher, wo Sie Ihre Habilitation am besten angehen.

In einigen Bundesländern haben Sie nun bereits die Karrierestufe erreicht, in der Sie als Prüfungsberechtigter, Gutachter und Betreuer von anderen Promotionen oder sogar Habilitationen fungieren können. Ein weiterer Schritt also von der Seite des Lernenden hin zu der des Lehrenden.

Haben Sie über mehrere Jahre (normalerweise etwa vier bis acht Jahre) hervorragende Leistungen in Forschung und Lehre nachzuweisen, kann Ihnen die Fakultät bzw. der Fachbereich – ein weiterer Vorteil – außerdem den Titel des „außerplanmäßigen Professors" verleihen. Zu diesem erfahren Sie mehr in Kapitel 7.2.

Nun ist mit dem Titel „Privatdozent" allein allerdings keine Stelle verbunden.

Hinzu kommt, dass Sie mit der Habilitation nicht nur die Lehrbefugnis erhalten haben, sondern auch die Lehrpflicht im Umfang von mindestens einer Semesterwochenstunde – unentgeltlich! Wie ernst Sie diese Pflicht zu nehmen haben, zeigen die, jedoch selten gezogenen, Konsequenzen: Kommen Sie der Regelung nicht nach, so verlieren Sie den Anspruch auf den Titel „Privatdozent". Die Titelführung ist also kein Geschenk und auch keine hart erarbeitete Belohnung für Ihre Habilitation, sondern kommt Sie im wahrsten Sinne des Wortes erst einmal teuer zu stehen, und zwar im Hörsaal oder Seminarraum. Auch daher werden wir uns bei der eingehenden Auseinandersetzung mit dem Privatdozenten in Kapitel 4.4 ausgiebig damit beschäftigen, wovon Sie die nächsten Jahre leben, um sich diesen Karriereschritt leisten zu können.

Wenn Sie sich entmutigt fühlen, blättern Sie am besten direkt zum Kapitel 4.4 und Sie erfahren mehr über den Privatdozenten. Wenn Sie sich allerdings Schritt für Schritt durch die Hochschulämter arbeiten wollen, so bleiben Sie dabei und lesen Sie auf den folgenden Seiten, welche Tätigkeiten Sie während der Habilitation ausüben können, um diese Karrierephase so spannend und angenehm wie möglich zu gestalten. Wenn Sie schließlich nach diesen ersten Informationen bereits wissen, dass die Habilitation für Sie nicht infrage kommt, empfehle ich Ihnen die Alternativen Nachwuchsgruppenleiterstelle (blättern Sie hierzu nach Kapitel 5.1 folgende) und Juniorprofessur (Kapitel 6.1 und 6.2).

4.2 Wissenschaftlicher Angestellter

Sie möchten habilitieren und brauchen Erfahrung in Lehre und Forschung. Die einfachste Lösung ist eine Stelle als wissenschaftlicher Angestellter. Vielleicht haben Sie in diesem Posten bereits Erfahrungen gesammelt, denn wissenschaftliche Angestellte sind wissenschaftliche Mitarbeiter (lesen Sie hierzu Kapitel 2.1) im Angestelltenverhältnis. Der durchaus geläufige Begriff wird hier einerseits verwendet, um von wissenschaftlichen Mitarbeitern im Beamtenverhältnis abzugrenzen. Andererseits soll verhindert werden, dass Sie die Stelle mit der üblicherweise zu Dissertationszwecken verwendeten Stelle als wissenschaftlichem Mitarbeiter verwechseln.

Dabei müsste Ihnen zugute gehalten werden, dass eine solche Verwechslung nur teilweise ihren Namen verdient. Tatsächlich sitzen Sie auf derselben Stelle, denn letztlich sind Sie als wissenschaftlicher Angestellter ein wissenschaftlicher Mitarbeiter. Sie werden daher auch ebenso nach TVöD/TV-L E 13 bezahlt. Allerdings zu einem anderen Zweck: Sie haben bereits promoviert, sie wollen habilitieren.

Außerdem sollten Sie bei der Planung nicht vergessen, dass die hinzugewonnenen Jahre in diesem Fall für Sie arbeiten. Wenn Sie bereits während Ihrer Promotion drei Jahre als wissenschaftlicher Mitarbeiter gearbeitet haben und im Anschluss auf der Stelle habilitieren, bedeutet TVöD/TV-L E 13 für Sie konkret jetzt etwa 3.800 Euro brutto im Monat. In Hessen und Berlin, wo noch dem Bundesangestelltentarif BAT IIa bezahlt wird, erhalten Sie bei einem Alter von 31 Jahren nun etwa 2.700 Euro brutto monatlich. Hinzu kommen ein Ortszuschlag, die allgemeine Zulage sowie Urlaubs- und Weihnachtsgeld.[5]

Nach wie vor ist Ihre Stelle allerdings befristet. Die Höchstdauer von momentan 12 Jahren (Medizin 15 Jahre) darf nur in speziellen Fällen überschritten werden.

Führen Sie sich vor Augen, dass Ihre Situation damit jedoch sicherer ist als die jedes Freiberuflers in der Bundesrepublik, der projektgebunden wesentlich stärker befristet arbeitet. Sie sind als Angestellter sozialversichert und haben zumindest befristet ein sicheres Einkommen. Lassen Sie sich Ihre Stelle daher nicht von denen madig machen, die Sie bereits im Schatten des Professors sehen: Die Mehrheit arbeitet wie Sie im Mittelbau.

Die Stelle als wissenschaftlicher Angestellter eignet sich hervorragend zur Habilitation, da Sie Ihnen eigens dafür ein Zeitpensum von Ihrer Arbeitszeit zur Verfügung stellt. Die Lehrverpflichtungen variieren nach Bundesland, sind aber durchweg geringer als die eines Professors. Die weiteren Vorteile haben Sie bereits in Kapitel 2.2 kennengelernt. Fazit: Für den Zweck der Habilitation kann eine Stelle als wissenschaftlicher Angestellter der ideale Job sein.

> **Beispiel eines typischen Stellenangebots für einen wissenschaftlichen Angestellten mit Habilitationsvorhaben**
>
> An der Fakultät für Maschinenbau, Verfahrenstechnik und Energietechnik ist am Zentrum für Innovationskompetenz „ABC" in der Forschungsgruppe „DEF" zum schnellstmöglichen Zeitpunkt die Stelle eines/einer wissenschaftlichen Mitarbeiters/Mitarbeiterin befristet zu besetzen.
>
> Vergütung: Entgeltgruppe 13 TV-L
>
> Befristung: bis Ende 2017

---

[5] Eine Tabelle, mit deren Hilfe Sie Ihren Verdienst genau berechnen können, finden Sie hier: paul.schubbi.org/cgi-bin/bat-rechner, geprüft am 25.07.2014.

Der Arbeitsplatz kann auch als Teilzeitarbeitsplatz besetzt werden.

Schwerpunkte der wissenschaftlichen Arbeit sind:

Numerische (2D und 3D) Untersuchungen der Stoff-, Impuls- und Energietransportprozesse im Inneren der Partikel und an Partikeloberflächen unter Berücksichtigung von chemischen Reaktionen.

Voraussetzungen für die Einstellung:

eine überdurchschnittlich abgeschlossene Promotion (die Bereitschaft zur Habilitation wird erwartet), bevorzugt im Bereich der Ingenieurwissenschaften, gute Kenntnisse auf dem Gebiet der numerischen Simulationen, einschließlich Navier-Stokes-Gleichungen und chemischer Kinetik, gute Kenntnisse von Unix/Linux, Fortran.

Der Bewerber/Die Bewerberin muss die Einstellungsvoraussetzungen für den Abschluss von Arbeitsverträgen für eine bestimmte Zeit gemäß WissZeitVG erfüllen. Die Hochschule strebt eine Erhöhung des Anteils von Frauen in Lehre und Forschung an und ist daher insbesondere an Bewerbungen qualifizierter Frauen interessiert. Schwerbehinderte werden bei gleicher Eignung bevorzugt berücksichtigt.

Schriftliche Bewerbungen mit den üblichen Unterlagen sind bis zum 09.09.2014 zu richten an:

Hochschule schnelle Karriere

Dezernat für Personalangelegenheiten

12345 Unistadt

Bitte legen Sie für die Rücksendung Ihrer Bewerbung einen adressierten und frankierten DIN A 4 Umschlag bei.

4.3 Mitarbeiter im Beamtenverhältnis

Eine zweite Möglichkeit, die Zeit während Ihrer Habilitation berufstechnisch auszufüllen, bietet eine Stelle als wissenschaftlicher Mitarbeiter im Beamtenverhältnis. Eine Verbeamtung, die normalerweise zunächst auf

Zeit für drei Jahre angesetzt wird und um bis zu drei Jahre verlängert werden kann, hat einige Vorteile gegenüber einer Tätigkeit als Angestellter. Für den befristeten oder unbefristeten Zeitraum Ihrer Verbeamtung haben Sie einen relativ sicheren Job. Entlassungen sind nur bei schwerwiegenden Entgleisungen Ihrerseits möglich. Wie bei der Beschäftigung als wissenschaftlicher Angestellter wird Ihnen Zeit für die Weiterbildung eingeräumt, die Sie zur Habilitation nutzen können. Außerdem sind Sie als Beamter nicht sozialversicherungspflichtig, zahlen also keine Beiträge in die Renten-, Kranken- und Arbeitslosenversicherung. Gegenüber den Mitarbeitern im Angestelltenverhältnis haben Sie daher in der Regel ein höheres Nettoeinkommen. Gegenüber Ihrem Dienstherrn sind Sie beihilfeberechtigt, das heißt, dass dieser abhängig von Ihrer Familiensituation und dem geltenden Landesrecht 50 bis 80 Prozent Ihrer Arzt-, Zahnarzt-, Apotheken- oder Krankenhausrechnungen erstattet.

Akademischer Rat auf Zeit

Die Einzelheiten zur Verbeamtung von Mitarbeitern werden in den Landeshochschulgesetzen geregelt. In den Bundesländern Brandenburg, Mecklenburg-Vorpommern und Sachsen-Anhalt gibt es Verbeamtungen auf Zeit, wie die des Akademischen Rates, bisher nicht. Hier muss während der Habilitation allein auf eine Tätigkeit als wissenschaftlicher Angestellter gebaut werden.

In den meisten Bundesländern hat sich dagegen in den letzten Jahren die Verbeamtung auf Zeit als Stellenmöglichkeit durchgesetzt. Im Landeshochschulgesetz Baden Württemberg heißt es beispielsweise „Sollen Akademische Mitarbeiter als Beamte des höheren Dienstes beschäftigt werden, so wird ihnen ein Amt der Laufbahn des Akademischen Rates der Landesbesoldungsordnung A in Anlage I zum Landesbesoldungsgesetz übertragen, sofern sie die dienstrechtlichen Voraussetzungen erfüllen. Werden Beamte oder Richter an die Hochschule als Akademische Mitarbeiter abgeordnet, soll die Abordnung in der Regel sechs Jahre nicht überschreiten. Akademische Mitarbeiter mit qualifizierter Promotion sowie Ärzte oder Zahnärzte mit der Anerkennung als Facharzt oder, soweit diese in dem jeweiligen Fachgebiet nicht vorgesehen ist, mit dem Nachweis einer ärztlichen Tätigkeit von mindestens fünf Jahren nach Erhalt der Approbation, Bestellung oder Erlaubnis der Berufsausübung können zum Akademischen Rat im Beamtenverhältnis auf Zeit für die Dauer von drei Jahren ernannt werden; bei Wahrnehmung von Aufgaben eines Oberarztes im Bereich der Medizin erfolgt die Ernennung zum Akademischen Oberrat. Ihnen ist die selbstständige Wahrnehmung von Aufgaben in Forschung, Lehre und Weiterbildung zu übertragen und Gelegenheit zu eigener wissenschaftlicher Weiterbildung zu geben. Das Dienstverhältnis kann um drei Jahre verlängert werden. Eine weitere Verlängerung des Dienstverhältnisses oder eine erneute Ernennung zum Akademischen Rat oder Akademischen Oberrat im Beamtenverhältnis auf Zeit ist unzulässig. Der Eintritt in den Ruhestand mit Ablauf der Dienstzeit ist ausgeschlossen."[6]

Was bedeutet das für Sie konkret? Zunächst ein Blick auf Ihren Arbeitsort.

Eine Stelle als Akademischer Rat können Sie neben der Universität auch an Fachhochschulen oder Pädagogischen Hochschulen antreten. Voraussetzung ist in allen Fällen die Promotion (Ausnahme Ärzte). Üblicherweise bewerben Sie sich auf ausgeschriebene Stellenanzeigen.

Im Gesetz ist außerdem die Rede von einer „Laufbahn des Akademischen Rates". Das heißt, dass Sie Aufstiegschancen haben. Sie können für besondere Leistungen zum Akademischen Oberrat befördert werden, von dort zum Akademischen Direktor und schließlich zum Leitenden Akademischen Direktor. Jede Beförderung schlägt sich freilich auch auf Ihrem Bankkonto nieder.

Kommen wir zur Besoldung. Laut obigem Gesetz steht Ihnen „Landesbesoldungsordnung A in Anlage I zum Landesbesoldungsgesetz" zu. Dabei gilt für den Akademischen Rat Besoldungsgruppe 13 (Höherer Dienst). Konkret heißt das, dass Sie in Baden-Württemberg 3.885,58 Euro (Stufe 5, ohne Familienzulage; Stand 2014) brutto monatlich bekommen.

Als Akademischer Oberrat stehen Ihnen dann nach A 14 etwas mehr als 4.000 Euro brutto im Monat zu (Stufe 5). Beim Akademischen Direktor sind es schließlich nach A 15 rund 4.600 Euro brutto (Stufe 6) monatlich, beim Leitenden Akademischen Direktor, ein Amt, das es allerdings nur

---

6   Quelle: www.landesrecht-bw.de/jportal/portal/t/cdr/page/bsbawueprod.psml?pid=Dokumentanzeige&showdoccase=1&js_peid=Trefferliste&fromdoctodoc=yes&doc.id=jlr-HSchulGBWV3P52&doc.part=S&doc.price=0.0#focuspoint, geprüft am 25.07.2014.

selten gibt, wären es nach A 16 schließlich etwas mehr als 5.000 Euro (auf Stufe 6, ohne Familienzuschlag; Stand 2014).

> **❶ Tipp:**
> Achten Sie darauf, ob bei der Besoldung zum Akademischen Rat nach Landesbesoldungsgesetz (LBesG) oder nach Bundesbesoldungsordnung (BBesO) vergütet wird. Letzteres ist in der Regel profitabler.

Im Wartezimmer zur Professur

Den Akademischen Rat auf Zeit gibt es übrigens erst seit 2002. Zielsetzung war es, Habilitanden damit eine berufliche Übergangszeit bis zur Berufung auf eine Professur bereitzustellen. Früher war hierfür das Amt des wissenschaftlichen Assistenten vorgesehen, dessen Stelleninhaber gleichfalls habilitierten. Mit der Einführung der Juniorprofessur wurde das Amt allerdings abgeschafft, um sich von der Notwendigkeit einer Habilitation für die Berufung als Professor zu verabschieden.

So ganz gelang diese Reform nicht, denn viele Universitäten halten bisher an der Habilitation als „klassischem" Weg zur Professur fest. Aus diesem Grund wurde das Amt des Akademischen Rats auf Zeit eingeführt, um eine Verbeamtungsmöglichkeit für den Habilitationszeitraum zu ermöglichen, die den wissenschaftlichen Assistenten ersetzt.

Nachdem das wichtigste Organisatorische geklärt ist, wenden wir uns Ihrem Arbeitsalltag als Akademischer Rat zu. Die Tätigkeit umfasst laut obigem Gesetzesbeispiel die „selbstständige Wahrnehmung von Aufgaben in Forschung, Lehre und Weiterbildung (…) und Gelegenheit zu eigener wissenschaftlicher Weiterbildung"[7]. Wie aber teilt sich diese Zeit zwischen den einzelnen Aufgaben auf? Wie viel Zeit bleibt Ihnen konkret für die Habilitation?

> **❶ Tipp:**
> Wie viele Semesterwochenstunden beträgt Ihre Lehrverpflichtung? Finden Sie es in der Lehrverpflichtungsordnung Ihres Bundeslandes heraus und vergleichen Sie.

---

7 A. a. O.

Nach der Lehrverpflichtungsverordnung, die Sie in Ihrem Bundesland im Internet einsehen können, arbeiten Akademische Räte momentan je nach Bundesland in der Regel fünf bis acht Wochenstunden im Rahmen von Lehrveranstaltungen (an Kunsthochschulen sieben bis zehn Wochenstunden).[8] Unter Lehrveranstaltungen versteht man dabei Seminare, Vorlesungen, Übungen und an Fachhochschulen auch Praktika und seminaristischen Unterricht. Kolloquien und Repetitorien werden oft nur zu sieben Zehnteln angerechnet. Blockveranstaltungen werden dabei vom Zeitumfang her auf wöchentliche Lehrveranstaltungsstunden umgerechnet. Diese müssen natürlich vor- und gegebenenfalls nachbereitet werden.

Auf einen Blick:
Wissenschaftlicher Angestellter und Akademischer Rat auf Zeit

	Wissenschaftlicher Angestellter	**Akademischer Rat auf Zeit**
Arbeitsstatus	angestellt	verbeamtet auf Zeit
Befristungszeitraum	12 (bzw. 15) Jahre	2 x 3 Jahre
Zeitumfang Lehrveranstaltungen	ca. 5 SWS	ca. 5 SWS
Bezahlung	TVöD-L E 13 (bzw. BAT IIa)	LBesG/ BBesO
Arbeitszeit zur Weiterbildung	ja	ja

Akademischer Rat auf Lebenszeit

Da ist sie endlich, denken Sie vielleicht gerade. Genau diese Stelle ist es, die ich will! Dann lesen Sie diese Zeilen besonders sorgfältig: Akademische Räte werden nicht nur befristet als Qualifikationsstelle, sondern auch auf Lebens-

---

[8] So beispielsweise in Bayern: by.juris.de/by/gesamt/LehrUFV_BY_2007.htm, Verordnung vom 14.02.2007. Eingesehen am 20.07.2009.

zeit ernannt. Die Voraussetzung dazu ist neben einer Promotion normalerweise eine Arbeitserfahrung von etwa zwei bis vier Jahren. Der Lehrumfang ist dann gegenüber dem Akademischen Rat auf Zeit, bei dem schließlich die Habilitation angefertigt werden muss, umfassender und beträgt beispielsweise in Bayern 13 bis 18 Lehrveranstaltungsstunden.

Bitte überprüfen Sie die Lehrverpflichtungsverordnung Ihres Bundeslandes auf den Umfang der Lehrveranstaltungen, weil es hier zwischen den Bundesländern teilweise erhebliche Schwankungen gibt.

Die obigen Vorteile der Stelle als Akademischer Rat gelten für Sie jedoch auf Lebenszeit. Bei der Vergütung genießen Sie außerdem einen enormen zusätzlichen Vorteil: Als Akademischer Rat auf Lebenszeit werden Sie üblicherweise nicht mehr nach dem Landesbesoldungsgesetz, sondern nach dem Bundesbesoldungsgesetz bezahlt, was kurz gesagt mehr Geld bedeutet: Dabei gilt für den Akademischen Rat Besoldungsgruppe 13 (Höherer Dienst), übrigens dieselbe Besoldungsgruppe, die auch für viele Pfarrer, Seehauptkapitäne und Lehrer gilt. Konkret heißt das, dass Sie ein Einstiegsgehalt von etwas mehr als 3.800 Euro (Stand 2014) brutto monatlich bekommen.

Als Akademischer Oberrat stehen Ihnen dann nach A 14, gleichrangig mit Realschulrektor, Oberarzt und Oberstleutnant, knapp 4.000 Euro (auf Stufe 1; Stand: 2014) brutto im Monat als Einstiegsgehalt zu. Beim Akademischen Direktor sind es schließlich nach A 15 etwa mehr als 4.800 Euro (auf Stufe 1; Stufe 6 wären hingegen knapp 5.800 Euro; Stand 2014) brutto monatlich, beim Leitenden Akademischen Direktor, ein Amt, das es allerdings nur selten gibt, wären es nach A 16 schon knapp 5.400 Euro (bei Stufe 1 bzw. etwas mehr als 6.400 bei Stufe 6; Stand 2014). Bei Letzterem bewegen Sie sich in der Besoldungsklasse von Dekan und Botschafter, sind damit also wirklich nicht schlechtgestellt.

Die Vergütung steigt dabei mit den Amtsjahren erheblich an. Als Akademischer Rat auf Lebenszeit sind Sie auf Ihrem Weg durch die Wissenschaft angekommen. Herzlichen Glückwunsch!

4.4 Privatdozent

Mit Mitte 40 lebt er vorwiegend in Wohngemeinschaften, ist mittags in der Mensa anzutreffen, wo er lesend sein Tagesgericht verzehrt, und lebt einmal im Semester auf der Institutsparty richtig auf. Die meisten haben jemanden im Studium kennengelernt, der die Vorurteile um den Status als Privatdozent bestätigt. Was ist an den Gerüchten dran, dass ein Privatdozent kaum Verdienstmöglichkeiten an der Universität oder Fachhochschule hat?

Ein „nichtbesoldeter Nichtordinarius" – was dann?

Wir hatten bereits festgestellt, dass Privatdozent kein Beruf ist, sondern ein Rechtsverhältnis. Hieraus leitet sich auch ab, dass der Betroffene oft unbezahlt die obligatorische Semesterwochenstunde abhält, die er benötigt, um seinen Titel nicht zu verlieren. Prof. Dr. iur. Michael Brenner bezeichnet den Privatdozenten daher als „nichtbesoldete(n) Nichtordinarius"[9], der nur vorübergehend seinen momentanen Status innehat. Bei all den Provisorien fragt man sich: Was macht der Absolvent der immerhin höchsten Prüfung, die es in der Bundesrepublik gibt, denn nun wirklich?

Zunächst zu dem, was jeder Privatdozent tut: die Semesterwochenstunde privat dozieren. Solange ein Privatdozent keinen Lehrauftrag hat und somit rein aus der Lehrbefugnis heraus handelt, kann er dabei inhaltlich innerhalb seines Fachbereichs lehren, was er will. Keineswegs muss er sich an Studienpläne halten, ebenso wenig sich um überschneidende Veranstaltungstermine seiner Kollegen kümmern oder sich in irgendeiner Form in seine Lehre hineinreden lassen. Der Privatdozent hat tatsächlich einen Anspruch auf den Hörsaal und seine Lehrtätigkeit dort.

Hat der Privatdozent dagegen einen Lehrauftrag, so kann er darauf die Semesterwochenstunde anrechnen, muss also nicht kostenlos arbeiten, ist aber auch stärker an bestimmte Lehrinhalte und die Studienpläne der Studenten gebunden.

---

9   Michael Brenner: Der freieste Hochschullehrer. Die rechtliche Stellung des Privatdozenten. In: Birgit Ufermann (Redaktion): Handbuch für den wissenschaftlichen Nachwuchs. 9. Auflage. Bonn, Deutscher Hochschulverband, 2009. Seite 101.

Es gibt verschiedene Möglichkeiten für Lehraufträge eines Privatdozenten:
1. eine befristete (selten unbefristete) Stelle als wissenschaftlicher Mitarbeiter
2. eine Verbeamtung als Akademischer Rat
3. eine Stelle als Nachwuchsgruppenleiter
4. eine Stelle als Lehrbeauftragter

Die erste Möglichkeit wurde bereits ausgiebig in den Kapiteln 2.6 und 4.2 erläutert. Ein Problem, das bei dieser Stelle mittlerweile näherrücken dürfte, ist die Höchstdauer befristeter Anstellungen an Hochschulen. Diese liegt bei zwölf Jahren, im medizinischen Bereich bei 15 Jahren. Dabei werden Ihre Tätigkeiten in befristeten Arbeitsverhältnissen an der Hochschule zusammengezählt. Erreichen Sie diese Grenze, können Sie normalerweise nicht weiter befristet im Angestelltenverhältnis tätig sein.

Einen Ausweg bieten Drittmittelprojekte, die auch nach Ablauf des Befristungszeitraums erlaubt sind. Das bedeutet, dass Sie nicht weiter den Etat der Hochschule verwenden, sondern externe Geldgeber für Ihre Projekte finden. Drittmittel können beispielsweise über die DFG, das BMBF oder das Bundesministerium für Wirtschaft und Technologie (BMWi) eingeworben werden. Informieren Sie sich hier rechtzeitig.

Eine andere Möglichkeit ist eine unbefristete Stelle als wissenschaftlicher Mitarbeiter. Solche Stellen sind relativ selten und Sie sollten hier ebenfalls so früh wie möglich die Augen offenhalten.

Die Möglichkeit der Verbeamtung als Akademischer Rat kennen Sie bereits aus Kapitel 4.3, sodass an dieser Stelle darauf verwiesen sei. Wissenswertes zur Stelle als Nachwuchsgruppenleiter erfahren Sie hingegen im folgenden Kapitel.

Zuletzt können Sie als Lehrbeauftragter arbeiten, um sich die Zeit als Privatdozent zu finanzieren. Vor allem an Fachhochschulen finden Lehrbeauftragte häufige Verwendung. Sie arbeiten hier allerdings auf Honorarbasis und erhalten als Privatdozent zwischen 25 und (selten bis zu) etwa 55 Euro pro Stunde. Eine Tätigkeit als Lehrbeauftragter ist also eher als Nebenerwerb realistisch. Eine genauere Beschreibung dieser Arbeitsweise sowie Ihrer Chancen und Probleme finden Sie in Kapitel 8.1.

Ihr Ziel: forschen ohne Ende

Ihr Ziel als Privatdozent ist der Ausweg aus den befristeten Arbeitsverträgen, die Ihnen zu diesem Zeitpunkt tatsächlich zum Verhängnis werden können. Das Risiko: Nach Ablauf der zwölf bzw. 15 befristeten Jahre wird es eng im Mittelbau. Es passiert, dass Privatdozenten, die es nicht rechtzeitig auf eine unbefristete Stelle schaffen, als nichtbesoldeter Nichtordinarius plötzlich buchstäblich vor dem Nichts stehen.

Natürlich sind Sie zu diesem Zeitpunkt hochqualifiziert. Für die Industrie sind Sie allerdings auch nicht mehr der Jüngste und zudem oft wenig erfahren in der freien Wirtschaft. Dennoch sind viele Privatdozenten, die sich jetzt aus der Befristung befreien möchten, hauptberuflich in der Industrie tätig.

Damit Ihre Habilitation sich gelohnt hat und Ihre Arbeit an der Hochschule auch nach Ablauf der Höchstbefristungen eine Zukunft hat, ist es nun an der Zeit, tatsächlich einen unbefristeten Posten an Land zu ziehen. Der Ausweg aus dem Risiko: die Professur.

❶ Tipp:
> Nutzen Sie die letzte Zeit in den befristeten Arbeitsverträgen, um sich im Berufungsprozess zu erproben. Beginnen Sie damit, sobald Sie den Status des Privatdozenten erhalten haben, denn Berufungsverfahren nehmen von der Ausschreibung einer Professur bis zur Berufungsvereinbarung gut ein bis zwei Jahre in Anspruch. Wie ein Berufungsverfahren abläuft, beschreibt Kapitel 7.1.

5. Freiheit auf Zeit: Position Nachwuchsgruppenleiter

5.1 Wissenswertes

Denken Sie an einen Job, in dem Sie niemandem direkt unterstellt sind und die Freiheit haben, nicht nur Ihre Kollegen, sondern auch Ihren Arbeitsplatz selbst auszuwählen. Ihre Arbeit ist finanziell gesichert, Ihre Forschungsausstattung und Sie selbst werden so bezahlt, dass Sie sich die nächsten Jahre keine Sorgen machen müssen. Inhaltlich treffen Sie alle wichtigen Entscheidungen eigenständig und sind für die Entwicklung Ihres eigenen Projekts verantwortlich. Welcher Job ist das? Bundeskanzler, Präsident einer großen Bank, Landwirt, freiberuflicher Informatiker? Nein, es ist der Nachwuchsgruppenleiter.

Nachwuchsgruppenleiter sind normalerweise promovierte Wissenschaftler, die üblicherweise nach einer Postdoc-Phase von zwei bis vier Jahren ein Auswahlverfahren durchlaufen und in ein Förderungsprogramm aufgenommen werden. Das Programm ermöglicht es ihnen, ein selbst gewähltes Forschungsfeld zu bearbeiten. Hierzu wählen die Nachwuchsgruppenleiter selbst geeignete Mitarbeiter aus, betreuen Doktoranden und tragen selbstständig die Projektverantwortung. Dazu gehört auch, dass sie eigenständig bestimmen, wie sie die Zeit zwischen Forschung, Lehre und Verwaltung aufteilen. Einige Geförderte helfen lediglich bei einer Vorlesung, andere nehmen freiwillig die acht Semesterwochenstunden in der Lehre wahr, die von Professoren erwartet werden, wieder andere forschen ganz an einer außeruniversitären Einrichtung.

Wo Sie forschen, bestimmen ebenfalls Sie selbst: Sie dürfen je nach Programm die Hochschule oder eine andere Forschungseinrichtung auswählen, an der das Ganze stattfinden soll. Neben der eigenen Finanzierung und der Finanzierung der Gruppe übernehmen die Programme meist Sach- und Reisekosten, sodass sich der Nachwuchsgruppenleiter ganz auf seine Arbeit konzentrieren kann.

Die Dauer einer Nachwuchsgruppenleitung liegt bei fünf bis maximal sechs Jahren, die darauf abzielen, Sie durch eigenständige Forschung ideal auf einen späteren Beruf als Professor vorzubereiten.

Das klingt zu schön, um wahr zu sein? Es gibt sogar noch einige weitere Vorteile der begehrten Förderstellen. So kommen Sie beispielsweise um die Habilitation herum und sind den Habilitanden trotz Ihres normalerweise geringeren Alters formal gleichgestellt. Oft kann man außerdem lesen, dass Nachwuchsgruppenleiter auf eine besonders hohe Berufungsquote auf Professorenlehrstühle kommen.[1]

Nachteile hat die Position Nachwuchsgruppenleiter kaum. Ein möglicher Mangel könnte sein, dass die Universitäten weniger auf Nachwuchsgruppenleiter eingestellt sind und Juniorprofessoren mehr Aufmerksamkeit durch die Öffentlichkeit bekommen. Gerade im Ausland könnte es passieren, dass Sie erst einmal das Konzept erklären müssen, bevor Sie darauf eingehen können, weshalb die entsprechende Uni oder Forschungseinrichtung ideal dafür geeignet wäre. Jedoch ist anzunehmen, dass die Einrichtung Ihnen sehr offen gegenübersteht, da ein Wissenschaftler, der bereits das nötige Fördergeld zur Stellenfinanzierung mitbringt, wohl überall willkommen ist. Im Folgenden erfahren Sie, was es braucht, um Nachwuchsgruppenleiter zu werden.

Zwei Voraussetzungen wurden bereits genannt: eine Promotion, die allerdings in der Regel nicht länger als vier Jahre zurückliegen darf, und eine Postdoc-Phase, die Sie zur weitgehend selbständigen Forschung genutzt haben. Gewünscht wird meist, dass zumindest ein Teil der Postdoc-Phase für Auslandserfahrungen verwendet wurde.

Außerdem sollten Sie weitgehend unabhängig und mobil sein, sich also ganz der Forschung widmen können, wobei auf eine Vereinbarkeit von Forschung und Familie dennoch in einigen Programmen (beispielsweise Emmy Noether-Programm der DFG) großen Wert gelegt wird. Informieren Sie sich hierzu auf den Webseiten der Förderer.

Sie bewerben sich direkt beim potenziellen Förderer, wobei Sie das gewünschte Forschungsvorhaben sowie bereits eine Institution vorschlagen,

---

1 z. B: http://www.kisswin.de/karrierewege/wege-zur-professur/nachwuchs-gruppenleiter.html; zugegriffen am 25.07.2014.

die damit einverstanden wäre, die Arbeitgeberfunktion für Sie zu übernehmen. Da Sie über das Programm finanziert werden, sollte Letzteres nicht allzu schwierig sein. Schwerer gestaltet sich das Auswahlverfahren des Förderprogramms, das Sie nun erwartet. Der Ablauf variiert je nach Programm. Im Folgenden erfahren Sie daher mehr über Programme, die Nachwuchsgruppenleiterstellen fördern.

Das Emmy Noether-Programm

Das Emmy Noether-Programm der DFG „möchte Nachwuchswissenschaftlerinnen und Nachwuchswissenschaftlern einen Weg zu früher wissenschaftlicher Selbständigkeit eröffnen. Promovierte Forscherinnen und Forscher erwerben durch eine in der Regel fünfjährige Förderung die Befähigung zum Hochschullehrer durch die Leitung einer eigenen Nachwuchsgruppe"[2].

Außerdem sollen junge Postdocs durch die besonderen Anreize des Programms aus dem Ausland zurückgewonnen werden. Neben einem exzellenten Forschungsprojekt entscheiden bisherige Qualifikationen und Veröffentlichungen über die Aufnahme des Kandidaten. Wichtig sind dabei neben der Auslandserfahrung auch das zügig durchgeführte Studium und ein insgesamt selbstständiges Bild des Bewerbers, das darin bestärkt, dass er in der Lage ist, erfolgreich eigenständig zu forschen. Die Förderdauer beträgt fünf bis maximal sechs Jahre. Jährlich werden 50 bis 70 neue Stellen von der DFG bewilligt.

❶ Tipp:

Zur Bewerbung beim Emmy Noether-Programm der DFG gibt es keine festen Antragsfristen. Reichen Sie Ihre Bewerbung möglichst früh ein, denn es kann maximal sechs Monate dauern, bis Sie erfahren, ob Sie in das Programm aufgenommen werden.

Die Förderung des Nachwuchsgruppenleiters wird von der DFG nach BAT Ia (in Hessen und Berlin) bzw. nach E15 TV-L (in den anderen Bundesländern) übernommen, wobei außerdem Personal-, Sach- und Reisekosten für die Gesamtdauer der Förderung getragen werden. Aktuell

---

2   Quelle: http://www.dfg.de/foerderung/programme/einzelfoerderung/emmy_noether/index.html; zugegriffen am 27.07.2014.

bedeutet eine Förderung nach BAT Ia bei einem unverheirateten 31-Jährigen ein monatliches Einkommen von ca. 3.300 Euro Grundgehalt. Hinzu kommen ein Ortszuschlag, die allgemeine Zulage, Urlaubs- und Weihnachtsgeld. E 15 TV-L dagegen bringt Ihnen in Stufe 1 ein Einstiegsgehalt von etwas mehr als 3.600 Euro pro Monat in den Geldbeutel.

Selbstständige Nachwuchsgruppenleiter der Max-Planck-Gesellschaft

„Max Planck Research Group Leaders", wie die Selbstständigen Nachwuchsgruppenleiter der Max-Planck-Gesellschaft genannt werden, sind Nachwuchswissenschaftler, die an einem der 80 Max-Planck-Institute eine Nachwuchsgruppe leiten und dabei eigenständig forschen. Sie bewerben sich auf eine fachlich spezifizierte Ausschreibung eines MPI oder im themenoffenen, zentralen Ausschreibungsverfahren („free-floating-Verfahren") der Max-Planck-Gesellschaft mit einer eigenen Idee, werden daraufhin von einer Kommission ausgesucht und schließlich vom Präsidenten berufen.

Die formalen Auswahlkriterien werden dabei sehr flexibel gehandhabt. Worauf es ankommt, fasst Dr. Stefan Fabry, Referent des Vizepräsidenten im Referat Institutsentwicklung und Evaluation bei der Max-Planck-Gesellschaft in einem Telefoninterview im August 2009 zusammen.: „Wir suchen die besten Köpfe. Wissenschaftliche Exzellenz ist das oberste Kriterium. Es ist natürlich vorteilhaft, wenn Interessenten bereits nachweisen können, dass sie die Fähigkeit besitzen, ein eigenes Projekt zu leiten, doch wir haben auch schon frisch promovierte Bewerber berufen, wenn sie uns überzeugt haben."

Die Kandidaten, die das Auswahlverfahren erfolgreich durchlaufen, erhalten daraufhin zunächst einen Fünfjahresvertrag mit einer zusätzlichen Startphase von bis zu sechs Monaten. Der Vertrag kann im Einzelfall (abhängig vom Fachgebiet) bei positiver Evaluation um zweimal zwei Jahre verlängert werden. Seit Kurzem gibt es darüber hinaus für Max Planck Research Group Leader in ausgewählten Fällen auch eine Tenure-Track-Option.

Die Stelleninhaber erwartet eine W2-äquivalent dotierte Stelle mit beamtenrechtsähnlichen Arbeitsverträgen. Die eigentliche W2-Besoldung regelt das Gehalt neu berufener Professoren (außer Juniorprofessoren) und beträgt aktuell – je nach Bundesland schwankend – etwa 4.400 Euro, sodass die Max Planck Research Group Leader vergleichsweise sehr gut bezahlt werden. Darüber hinaus werden ihnen zum Aufbau und Betrieb einer wettbewerbsfähigen Gruppe bedarfsgerecht Gelder für Erstausstattung, weitere Mitarbeiter sowie zur Deckung laufender Kosten zur Verfügung gestellt.

⊕ Info:

Fachbezogene Ausschreibungen für Max Planck Research Group Leader an Max-Planck-Instituten erfolgen ganzjährig je nach Verfügbarkeit einer freien Stelle. Darüber hinaus können Sie sich – diese Ausschreibung erfolgt meist im Herbst jedes Jahres – im „free floating"-Verfahren mit Ihrer eigenen Projektidee bewerben. Initiativbewerbungen ohne Ausschreibung durch die MPG können nicht berücksichtigt werden.

Nachwuchsgruppenförderung der Helmholtz-Gemeinschaft

Die Helmholtz-Gemeinschaft Deutscher Forschungszentren fördert Nachwuchsgruppenleiter in sechs Bereichen: Energie, Gesundheit, Struktur der Materie, Erde und Umwelt, Schlüsseltechnologien sowie Luftfahrt, Raumfahrt und Verkehr. Hierbei gibt es jeweils zwei Fördertypen: Bei Typ A hat der geförderte Nachwuchsgruppenleiter bereits zu Beginn der Förderlaufzeit eine nachweisbare Bindung mit einer Hochschule, bei Typ B wird diese Bindung erst während der Förderzeit durch den Nachwuchsgruppenleiter hergestellt. Typ B hat insbesondere Vorteile für Wissenschaftler, die vor Förderbeginn im Ausland forschen und daher noch keine Hochschulbindung in Deutschland vorweisen können.

Die Förderzeit beträgt auch hier fünf Jahre. Die entscheidenden Kriterien zur Aufnahme in das Programm sind eine Postdoc-Phase, ein substanzieller Auslandsaufenthalt (während Promotion oder Postdoc-Phase) und die nachweisbare wissenschaftliche Exzellenz. Aktuell gibt es über 100 Nachwuchsgruppen, einmal im Jahr werden 20 neue Gruppen international ausgeschrieben.

> **❶ Tipp:**
> Besuchen Sie die Webseite der Helmholtz-Gemeinschaft im Februar. Dann sind die neuen Gruppen ausgeschrieben und Sie können sich innerhalb von zwei Monaten darauf bewerben. Nach maximal drei Monaten erfahren Sie, ob Ihre Bewerbung erfolgreich war.

Üblicherweise werden die Nachwuchsgruppenleiter der Helmholtz-Gemeinschaft mit E 15 TV-L eingestellt, wobei über die konkrete Einstufung verhandelt werden kann. Die Förderhöhe einer Gruppe (einschließlich des Gehalts des Gruppenleiters) beträgt dabei jährlich mindestens 250.000 Euro.

❓ Test: Was liegt mir mehr: Nachwuchsgruppenleiter oder Juniorprofessor?

Kreuzen Sie die Antwort an, die am ehesten auf Sie zutrifft.

1. Welches Verhältnis von Forschung (F) und Lehre (L) gefällt Ihnen besser?

○ a. F > L

○ b. F < L

2. Beenden Sie bitte den folgenden Satz: Die Vorstellung, selbst Drittmittel für meine Projekte einzutreiben, ist für mich ...

○ a. ... einfach nur nervig oder sogar ein echtes Problem.

○ b. ... eine Herausforderung, die zu meinem Traumberuf gehört oder mit der ich mich gut arrangieren kann.

3. Welche Position vertreten Sie eher?

○ a. Ich wähle auf jeden Fall den Weg, auf dem ich so jung wie möglich eine Professur auf Lebenszeit bekomme.

○ b. Ich wähle auf jeden Fall den Weg, auf dem ich so jung wie möglich zur Gruppe der Professoren gehöre.

4. Ist es Ihnen wichtig, für Ihre Forschung eigene Mitarbeiter zu haben?

○ a. wichtig

○ b. nicht wichtig

5. Formal zur Gruppe der Professoren zu gehören, bedeutet mir in meinem Traumjob ...

○ a. wenig bis nichts

○ b. etwas bis einiges

Zählen Sie nach, welchen Buchstaben Sie häufiger angekreuzt haben, und lesen Sie dort in der Auflösung nach.

A: Nachwuchsgruppenleiter	B: Juniorprofessor
Freiheit für Ihre Forschung, wenn auch nur auf Zeit. Nutzen Sie die Gelegenheit und geben Sie alles. Die Nachwuchsgruppenleiterposition hält Ihnen den Rücken frei: mit den nötigen Forschungsmitteln und Geldern für Ihre Mitarbeiter und Reisen. Außerdem wissen Sie, dass die Chancen gut stehen, dass Sie im Anschluss einmal vergleichsweise jung zum Professor auf Lebenszeit berufen werden. Das durchschnittliche Alter bei Ende der Qualifikationsphase liegt bei Nachwuchsgruppenleitern (Emmy Noether-Programm) bei 37 Jahren, bei Juniorprofessoren bei 40 Jahren. Rundum gute Aussichten für Sie, um sich auf diese Stelle zu bewerben! Viel Glück!	Es ist die ganze Packung, die Sie reizt: nicht nur die autonome Forschung oder die Lehre, sondern das Professor-Sein selbst mit allem, was dazugehört. Davon hält Sie niemand mit Drittmitteleintreiben ab und eigene Mitarbeiter sind weniger wichtig, wenn Sie dafür in den Gremien sitzen und eigene Doktoranden betreuen dürfen. Und sowieso: Die Juniorprofessur ist noch jung und entwicklungsfähig, vielleicht klappt es sogar mit dem Tenure Track. Als Juniorprofessor haben Sie Ihren Traumberuf Professor jedenfalls bereits erreicht!

5.2 Berufsaussichten

Die Nachwuchsgruppenleiter-Positionen sind darauf abgestimmt, Erfahrungen für eine spätere, dauerhafte Tätigkeit als Hochschullehrer zu sammeln. Immer wieder werden Diskussionen über sogenannte Tenure-Optionen geführt (vgl. Kapitel 3.1), mithilfe derer der Übergang in eine Dauerstelle erleichtert werden soll. Die Förderer von Nachwuchsgruppen haben hier bereits eigene Ideen verwirklicht, die Sie direkt im Anschluss an die Nachwuchsgruppenleiterposition nutzen können. Eine unmittelbare Übernahme in eine Dauerstelle gibt es jedoch bisher nur bei den Nachwuchsgruppenleitern der Helmholtz-Gemeinschaft.

Tenure-Optionen: Die Suche nach der Dauerlösung

Die Nachwuchsgruppen der Helmholtz-Gemeinschaft Deutscher Forschungszentren sind durchgehend mit Tenure Track ausgestattet. Hier wird nach Ablauf des Förderzeitraums eine Evaluation durchgeführt und der Geförderte bei positivem Ausgang ohne erneute Bewerbung in ein unbefristetes Arbeitsverhältnis durch ein Helmholtz-Zentrum übernommen.

Die DFG setzt sich dagegen mit der Einrichtung der **Heisenberg Professur** mit Tenure Track für langfristige Berufsaussichten ein. Während der fünfjährigen Förderung durchlaufen Sie in diesem Programm gleichzeitig ein Berufungsverfahren an Ihrer Hochschule, das Ihnen nach Ablauf des Förderungszeitraums bei entsprechender Leistung eine unbefristete Übernahme durch die Hochschule garantiert. Sie wären also auch mit dieser Professorenstelle am Ende Ihrer Reise durch die befristeten Stellen angekommen.

Ein ähnliches Modell bietet die Volkswagenstiftung mit der **Lichtenberg-Professur** an, die neben der Perspektive für Nachwuchswissenschaftler darauf abzielt, innovative Lehr- und Forschungsfelder voranzubringen. Der Förderzeitraum beträgt hier sogar acht Jahre, wobei spätestens zu Beginn des fünften Jahres bei einer Evaluation des Geförderten gemeinsam mit der Universität über die Übernahme in ein dauerhaftes Arbeitsverhältnis gesprochen wird.

Seit ein paar Jahren bietet auch die Max-Planck-Gesellschaft ihren selbstständigen Nachwuchsgruppenleitern teilweise eine Tenure-Track-Option.

Zusammenfassend lässt sich sagen, dass die Förderanstalten in letzter Zeit einige Schritte in Richtung von größerer Sicherheit für Nachwuchsgruppenleiter unternommen haben. Eine durchgehende Tenure-Track-Option bei einer Stelle als Nachwuchsgruppenleiter ist dennoch selten, allerdings entgegen häufiger Aussagen auch bei der Juniorprofessur nicht gang und gäbe.

Nachwuchsgruppenleiter oder Juniorprofessor?

Trotz der Einschränkungen bei der sich tendenziell entwickelnden Tenure-Option ist der Nachwuchsgruppenleiter dem Juniorprofessor in einigen Dingen voraus: Die Ausstattung ist besser, ebenso die Ausgangsposition für die eigenständige Forschung und Ihre Freiheiten sind als Nachwuchsgruppenleiter insgesamt größer. Zu diesem Ergebnis kam eine mittlerweile allerdings auch nicht mehr wirklich aktuelle Studie der Arbeitsgruppe Wissenschaftspolitik der Jungen Akademie an der Berlin-Brandenburgischen Akademie der Wissenschaften und der Deutschen Akademie der Naturforscher Leopoldina, die sich bei den Nachwuchsgruppen allerdings auf das Emmy Noether-Programm beschränkte.[3] Eine aktuellere Vergleichsstudie in größerem Umfang liegt derzeit leider nicht vor.

---

[3] Die Studie findet sich im Internet auf: http://www.diejungeakademie.de/fileadmin/user_upload/Literatur/pdf/Juniorprofessur_%20und_Emmy_Noether.pdf; zugegriffen am 27.05.2014.

6. Abkürzung Juniorprofessur?

6.1 Wissenswertes

Der neue Weg sollte schnurstracks geradeaus führen. Ziel war es, Nachwuchswissenschaftlern mit der vor einigen Jahren eingeführten Stelle bereits in möglichst jungen Jahren einen planbaren und sicheren Weg zu einer Professur auf Lebenszeit zu bahnen. Gelingen sollte das Vorhaben, indem ermöglicht wurde, nach Promotion und Postdoc-Phase auch ohne Habilitation bereits weitgehend unabhängig zu forschen und zu lehren. Würde sich der Nachwuchswissenschaftler auf der neuen Stelle bewähren, sollte ihm die direkte Übernahme nach Ablauf der Befristung in Aussicht gestellt werden („Tenure Track").

Unternehmen wir im Folgenden einen Spaziergang entlang des Wegs mit dem Straßenschild „Juniorprofessur", um zu sehen, wie die Umsetzung in der Praxis aussieht.

Seit 2002 arbeiten Juniorprofessoren an deutschen Hochschulen. Ursprünglich war geplant, die Habilitation damit gänzlich abzulösen. Nach Einschreiten des Bundesverfassungsgerichts 2004 wegen Überschreiten der Zuständigkeit des Bundes in der Hochschulgesetzgebung hat sich jedoch relativ schnell herauskristallisiert, dass die Juniorprofessur in den Ländern zu einem alternativen Weg neben der weiterhin bestehenden Habilitation wird.

Juniorprofessoren werden auf ein komplexes Berufungsverfahren (Bewerbung, Begutachtung und Probevortrag) hin zunächst für drei bis vier Jahre eingestellt oder auf Zeit verbeamtet und nach der Besoldungsgruppe W1 bezahlt. Das Grundgehalt beträgt aktuell, je nach Bundesland stark variierend, durchschnittlich ca. 3.800 Euro. Die W-Besoldung gilt seit 2005 für alle neu berufenen Professoren.

Vor Ende der Befristung findet eine Evaluation des Juniorprofessors durch die sogenannte Berufungskommission statt. Fällt diese positiv aus, wird die Befristung auf insgesamt sechs Jahre ausgedehnt, das Gehalt wird aufgestockt und – das Wichtigste – die „Berufungsfähigkeit" des Juniorprofessors wird festgestellt. Das bedeutet, dass der Geprüfte auf eine unbefristete Professorenstelle berufen werden kann.

Bevor sich ein ungutes Prüfungsgefühl in Ihnen ausbreitet, ein interessanter Fakt: Bis zum Jahr 2007, in dem die letzte Umfrage in dieser Hinsicht durchgeführt wurde, sind nur vier von damals 227 Juniorprofessoren an dieser Zwischenevaluation gescheitert. Diese vier waren übrigens Naturwissenschaftler.[1] Am 29. und 30. September 2014 wird die Tagung „Juniorprofessur im Vergleich zu traditionellen Wegen wissenschaftlicher Qualifizierung" stattfinden, auf der neue Vergleichsergebnisse vorgestellt werden sollen. Anfang 2015, so hat das Centrum für Hochschulentwicklung (CHE) angekündigt, sollen die Ergebnisse einer neuen Studie, die seit 2012 durchgeführt wird, auch in Buchform veröffentlicht werden.

Vor Ablauf der insgesamt sechs Jahre findet eine weitere Evaluation statt, die dafür vorgesehen ist, den Juniorprofessor bei positivem Ergebnis ohne weitere Zwischenstationen in eine unbefristete Professorenstelle zu überführen: die Abkürzung sozusagen.

Praktisch liegt die Umsetzung dieser Übernahme allerdings nicht in der Bundesgesetzgebung, sondern in Länderhand. Dadurch, dass sie nicht einheitlich geregelt ist, landen tatsächlich nur etwa acht Prozent der Juniorprofessoren[2] nach Ablauf der sechs Jahre „automatisch" auf der Professorenstelle und verfügen damit über einen „Tenure Track" im engeren Sinne. Noch erschreckender lesen sich die Angaben der Deutschen Gesellschaft für Juniorprofessoren e. V. (DGJ): Demzufolge haben rund 59 (!) Prozent der Juniorprofessoren, deren Professur nach sechs oder mehr Jahren im Laufe des Jahres 2014 endet, keine Aussicht auf eine weitere Beschäftigung! Da die Position Juniorprofessor noch relativ jung ist, bleibt zu hoffen, dass diesbezüglich noch einige Reformen durchgeführt werden.

---

1   Gero Federkeil/Florian Buch: Fünf Jahre Juniorprofessur – Zweite CHE-Befragung zum Stand der Einführung. Gütersloh, CHE Centrum für Hochschulentwicklung GmbH, 2007. Seite 9. Im Internet finden Sie die Studie auf: www.che.de/downloads/CHE_Juniorprofessur_Befragung_AP_90.pdf, geprüft am 27.07.2014.
2   A. a. O.

❶ Tipp:
Die Deutsche Gesellschaft Juniorprofessur e.V. setzt sich für die weitere Entwicklung der Stellen ein. Sie finden den Verein im Internet auf www.juniorprofessur.com.

Anforderungen: Gleichzeitig Lehrer und Lernender

Als Juniorprofessor gehören Sie bereits zur Professorengruppe, haben allerdings eine Lehrverpflichtung, die in der Regel um die Hälfte geringer ist als bei Professoren aus den Besoldungsgruppen W2 und W3. Sie umfasst etwa vier Semesterwochenstunden. Nach Aussagen von einigen Stelleninhabern täuscht die vergleichsweise geringe Stundenanzahl allerdings über die umfangreiche Arbeit hinweg, die hinter dieser Stelle steckt.

Einerseits ist die Juniorprofessur eine Qualifikationsstelle, an der Sie sich entwickeln und beweisen müssen, andererseits wird erwartet, dass Sie bereits als vollwertiger Professor tätig sind. Im Gegensatz zu den Nachwuchsgruppenleitern müssen Sie beispielsweise Ihre Forschungsmittel wie andere Professoren selbst einwerben, was je nach Vorhaben einen mittleren bis größeren Verwaltungsaufwand bedeutet. Zudem müssen Sie vor allem zu Beginn der Aufnahme Ihrer Lehrtätigkeit mit längeren Vorbereitungszeiten auf die Lehrveranstaltungen rechnen. Im Idealfall verfügen Sie zu diesem Zeitpunkt allerdings bereits über ein ordentliches Ausmaß an Lehrerfahrung, sodass Sie hiermit gut umgehen können.

Vorteile: Schritte in die richtige Richtung

Mit der Option Juniorprofessur bietet sich tatsächlich die Möglichkeit, in weitaus jüngeren Jahren als die Habilitanden eine Professorenstelle zu ergattern. Das Erstberufungsalter von Juniorprofessoren liegt momentan bei etwa Mitte 30, während das Erstberufungsalter aller Professoren derzeit durchschnittlich bei 42 Jahren liegt.[3] Die Nachwuchsgruppenleiter im Emmy Noether-Programm, das darf an dieser Stelle allerdings nicht fehlen, sind bei Stellenantritt mit 32,7 Jahren noch ein wenig jünger. Doch

---

3 http://www.hochschulverband.de/cms1/878.html, zugegriffen am 25.07.2014.

diesen sind Sie wiederum voraus, wenn Sie auf einer Juniorprofessorenstelle mit „Tenure Track" sitzen: Hier genießen Sie bei guter Arbeit ein ordentliches Stück Sicherheit.

Mit den Nachwuchsgruppenleitern gemeinsam haben Sie als Juniorprofessor, dass Sie sich die Habilitation sparen können. Hierin besteht ein enormer zeitlicher Vorteil. Sie sind außerdem keinem Professor mehr unterstellt und dürfen frei forschen und lehren.

Nachteile: Noch immer eine Baustelle

Der wohl größte Nachteil der Juniorprofessur ist, dass sie noch nicht alles hält, was sie verspricht. Entgegen ihrer Zielsetzung werden tatsächlich nur acht Prozent der Stellen mit direkter Tenure-Option versehen,[4] bei der die Stelleninhaber nach der positiven zweiten Evaluation und dem Ablauf der Befristungszeit unmittelbar und ohne weitere Bewerbung an derselben Uni als Professoren auf Lebenszeit berufen werden. Für die restlichen 92 Prozent der Stelleninhaber geht das Fiebern nach Ablauf der Befristung auch bei positiver Evaluation weiter.

Tatsächlich kann es sogar noch schlimmer kommen: Juniorprofessoren werden häufig auf Zeit verbeamtet. Dadurch dass sie nicht in die gesetzliche Kranken-, Renten- und Arbeitslosenversicherung einbezahlen, ist das Nettogehalt dabei etwas höher als das von Kollegen im Angestelltenverhältnis. Allerdings bedeutet das, dass sie nach Ablauf der befristeten Zeitspanne kein Arbeitslosengeld erhalten. Diese ungewollte Wendung im Juniorprofessorenkonzept ist fast schon ironisch, hat sie doch genau das Gegenteil von dem zur Folge, was die Juniorprofessur erreichen soll: mehr Sicherheit für Nachwuchswissenschaftler.

❶ Tipp:
Beamte auf Zeit bezahlen keine Sozialversicherungsbeiträge. Sprechen Sie rechtzeitig mit einem Wirtschaftsberater, um sich privat so weit wie möglich abzusichern.

---

4   Gero Federkeil/Florian Buch: Fünf Jahre Juniorprofessur – Zweite CHE-Befragung zum Stand der Einführung. Gütersloh: CHE Centrum für Hochschulentwicklung GmbH, 2007. Seite 10. Im Internet finden Sie die Studie auf: www.che.de/downloads/CHE_Juniorprofessur_Befragung_AP_90.pdf, gelesen: 28.07.2009

Ein weiterer Nachteil kann sich aus der noch undifferenzierten Hierarchie ergeben. Der Juniorprofessor ist nicht nur dem Namen nach faktisch der Professorengruppe zuzuordnen. Diese privilegierte Stellung ist allerdings nicht immer einsichtig, wenn man bedenkt, dass ein bereits habilitierter Privatdozent doch einen Karriereschritt weiter ist und dennoch weniger Privilegien hat. An dieser Stelle kann die Abkürzung Juniorprofessur zu internen Konflikten führen.

Im Gegensatz zur Position als Nachwuchsgruppenleiter verbringt der Juniorprofessor durch seine Zugehörigkeit zu den Professoren außerdem viel Zeit mit der Arbeit in Gremien, mit Prüfungen, der Betreuung von Doktoranden und dem Schreiben von Forschungsanträgen, um Geld für seine Projekte zu bekommen. Unter Umständen kann hierunter die Forschung leiden. Die neuen Verpflichtungen können aber natürlich auch reizvoll sein.

Sie sollten sich außerdem bewusst machen, dass Sie als Juniorprofessor im Gegensatz zum klassischen Habilitanden nicht auf einen Mentor zurückgreifen können, der Ihrer Karriere unter die Arme greifen kann. Hiermit wären wir bereits bei einem anderen wichtigen Aspekt, der in der Theorie der Juniorprofessur-Planung ganz anders angedacht war: die Habilitation.

Ursprünglich sollte die klassische Habilitation mit Einführung der Juniorprofessur abgeschafft werden, später setzte sich die Stelle als alternative Qualifikationsmöglichkeit durch. Tatsächlich gibt aber ein Drittel der Juniorprofessoren in der CHE-Umfrage von 2007 an, sich parallel zur Ausübung ihrer Stelle habilitieren zu wollen.[5] In dieser Hinsicht geht die Stelle eindeutig am eigentlichen Ziel vorbei.

Aus diesen negativen Aspekten, allen voran der noch immer weitgehend nicht umgesetzten Tenure Track-Möglichkeit, ist es wohl zu erklären, dass derzeit nach Angaben der DGJ ca. 49 Prozent der Juniorprofessoren unzufrieden oder sehr unzufrieden mit ihrer derzeitigen beruflichen und persönlichen Situation sind.

---

5   A. a. O. Seite 9.

Fazit: Theorie und Praxis klaffen bei der Umsetzung der Juniorprofessur weit auseinander. Jedoch ist die Juniorprofessur noch jung und wird sicher in naher Zukunft noch einige Reformen ins Rollen bringen. Vielleicht wird sie dann doch im breiteren Maße zu der Überholspur, die sie bisher für einige Stelleninhaber insbesondere der frühen Juniorprofessoren geworden ist.

Auf einen Blick: Nachwuchsgruppenleiter und Juniorprofessor

	Nachwuchs-gruppenleiter	Juniorprofessor
Arbeitsstatus	angestellt	verbeamtet auf Zeit oder angestellt
Befristungszeitraum	5–6 Jahre	2 x 3 Jahre (in NRW teilw. 7 Jahre), teilw. mit Tenure Track
Zeitumfang Lehrveranstaltungen	freiwillig	4 SWS
Bezahlung	je nach Programm äquivalent zu W2 oder E15 TV-L bzw. BAT Ia (in Hessen und Berlin)	W1

6.2 Berufsaussichten

Ist die Juniorprofessur eine Abkürzung zum Professorenamt auf Lebenszeit? Wichtig für eine Einschätzung der Berufsaussichten ist es zunächst, sich klarzumachen, wie neu der Weg ist, den Sie hier beschreiten können. Für eine Auswertung der Berufsaussichten im großen Rahmen fehlen noch die Daten, denn die ersten Juniorprofessoren sind erst 2008 am

Ende der Befristung angelangt. Seitdem haben sich die Berufsaussichten bereits stark verändert, sodass eine letztliche Auswertung schwer möglich ist.

Professor Dr.-Ing. Kurosch Rezwan von der Deutschen Gesellschaft Juniorprofessur e.V. hatte als einer der frühen Jahrgänge eine Position als Juniorprofessor inne und sprach im Verein mit vielen Betroffenen. Die Berufsaussichten der Juniorprofessoren verglich er mit denen der Nachwuchsgruppenleiter und kam zu einem durchweg positiven Ergebnis: Durch den Status als vollwertiger Professor und das anspruchsvolle Berufungsverfahren, das Bewerber auf eine Juniorprofessur durchlaufen, glaubt er die Juniorprofessoren den Nachwuchsgruppenleitern, was die Qualifikation anbelangt, sogar um eine Nasenlänge voraus. Unterstützend wirkt hier auch die Lehrverpflichtung der Juniorprofessoren, die für eine Berufung auf Lebenszeit wichtig ist. Die Pflichten und Befugnisse eines Juniorprofessors seien damit insgesamt größer.

Dass nur acht Prozent der Juniorprofessoren eine Tenure-Track-Option im engeren Sinn innehaben, sieht Herr Rezwan jedoch als problematisch. Doch 18 Prozent der Betroffenen geben in der CHE-Befragung an, eine Tenure-Option im „ein oder anderen Sinn" zu haben. Beispielsweise kann diese in der Lockerung des „Hausberufungsverbots" bestehen, das heißt, dass sich die Stelleninhaber auf Ausschreibungen an der eigenen Hochschule bewerben dürfen. Zugegeben kein großes Zugeständnis, doch zumindest ein erster Schritt für fast ein Fünftel der Juniorprofessoren.

In den letzten Jahren wurde diese frühe, positive Einschätzung durch Statistiken nachhaltig getrübt. „Rund 59% aller Juniorprofessorinnen und -professoren, deren W1-Professur nach sechs oder mehr Jahren im laufenden Jahr 2014 endet, haben keine Aussicht auf eine weitere Beschäftigung. Ca. 49% von ihnen sind unzufrieden oder sehr unzufrieden mit ihrer aktuellen beruflichen und persönlichen Situation", heißt es beispielsweise auf der Webseite der Deutschen Gesellschaft Juniorprofessur e. V. „Mit der Juniorprofessur hat sich für Nachwuchswissenschaftler ein wichtiger Weg eröffnet, der positiv honoriert werden muss. Insbesondere zwei Aspekte bedürfen allerdings noch der Verbesserung: Die Doppelbelastung von gleichzeitiger Habilitation und Juniorprofessur, wie sie häufig vorkommt, muss abgeschafft werden, um die Juniorprofessur tatsächlich als alternativen Karriereweg zu ebnen. Außerdem muss der Tenure Track ausgebaut werden: von derzeit acht Prozent auf etwa 80 Prozent. Hierfür setzt sich die Deutsche Gesellschaft Juniorprofessur e. V. ein."[6], schloss Prof. Dr.-Ing. Kurosch Rezwan 2009 im Telefoninterview. Diese Verbesserungen stehen noch immer aus.

---

6   Das Telefoninterview fand im August 2009 statt.

7. Professor: Wen(n) der Ruf ereilt

7.1 Wissenswertes

Zwischen 2009 bis 2012 stieg die Anzahl der Professoren in Deutschland von 38.020 auf insgesamt 43.862.[1] Was sich spontan nach einer positiven Entwicklung anhört, relativiert sich ein wenig, wenn man im Vergleich dazu die Entwicklung der Studierendenzahlen heranzieht: Während es in Deutschland 2009 fast zwei Millionen Studierende gab, waren es 2012 etwa 2,5 Millionen. Tatsächlich hat sich die Zahl der Studenten pro Professor demnach also um etwa acht Prozent erhöht.

> ● **Info:**
> Während die Prognosen der letzten Jahre davon ausgingen, dass die Studentenzahlen in Zukunft immer weiter steigen würden, kam eine neue Berechnung des privaten Berliner Forschungsinstituts für Bildungs- und Sozialökonomie (Fibs) im Mai 2014 zu dem Ergebnis, dass die Zahl der Studienanfänger bis zum Jahr 2025 um ein Fünftel auf 406.500 sinken werde. Erst kurz zuvor hatte die Kultusministerkonferenz (kmk) eine deutlich höhere Schätzung abgegeben.[2]

Der Professor ist das Ziel der meisten Nachwuchswissenschaftler, die von einer Hochschulkarriere träumen. Sehen wir uns also an, was genau es mit dem Titel auf sich hat.

Zunächst muss ein weitläufiges Missverständnis ausgeräumt werden: Obwohl er in vier Buchstaben vor den Namen gesetzt werden kann und es häufig so in den Medien heißt, ist „Prof." in Wahrheit kein akademischer Grad wie der „Dr.", sondern die Bezeichnung für das Amt einer Person, vergleichbar mit den Bezeichnungen Arzt, Inspektor oder Schaffner usw.

---

1 http://de.statista.com/statistik/daten/studie/36898/umfrage/anzahl-der-professoren-an-deutschen-hochschulen/
2 Interessant ist hierzu auch www.spiegel.de/unispiegel/studium/erstsemester-wohl-bald-deutlich-weniger-studenten-in-deutschland-a-971286.html; zugegriffen am 25.07.2014.

Man kann seinen Professor daher nicht „machen" wie den Doktor, sondern muss dafür berufen werden, also eine Stelle bekommen.

> **❶ Tipp:**
> Hätten Sie das gewusst? Über den Professor gibt es eine Menge Missverständnisse. Mit dem Test am Ende des Kapitels können Sie Ihre Professorenkenntnisse überprüfen.

Das Berufungsverfahren beginnt in der Regel mit der Bewerbung um eine international ausgeschriebene Professorenstelle. Die Berufungskommission, die für diesen Zweck aus Vertretern der Fakultät, weiteren Hochschulmitarbeitern, außeruniversitären Sachverständigen und Studenten zusammengestellt wurde, erstellt eine Liste der Kandidaten, die sich beworben haben und infrage kommen, und lädt diese im nächsten Schritt zur Begutachtung ein.

Wer auch hier überzeugt, darf zum „Vorsingen" kommen. Hinter der lustigen Bezeichnung stecken normalerweise drei bis sieben Probevorträge, bei denen Sie als Kandidat neben der Berufungskommission auch von außenstehenden Studenten begutachtet werden. Mittlerweile haben Studenten meist ein Beratungsrecht über die Auswahl der neuen Professoren. Nach erfolgreichem Vorsingen werden Gutachten über die Leistungen der einzelnen Bewerber eingeholt und eine sogenannte Berufungsliste erstellt. Auf dieser Basis wird über die Berufung entschieden.

> **❶ Tipp:**
> Das Mitspracherecht der Studenten wächst auch durch den impliziten Druck, der von neuen Bewertungsportalen ausgeht. Unter www.meinprof.de kann die Bewertung der Veranstaltungen fast jedes deutschen Professors durch die Studenten öffentlich abgegeben und eingesehen werden.

Der zeitliche Umfang eines Berufungsverfahrens kann immens sein: Nach Angaben des Wissenschaftsrats dauert eine Neubesetzung oder Erstbesetzung einer Professur durchschnittlich 18 Monate.

Wer denkt, dass er mit dem Besetzen dieser Stelle am Ende der befristeten Jobs angelangt ist, hat sich übrigens geirrt: Auch Professoren werden zunächst befristet berufen. Die Befristung kann je nach Bundesland bis zu acht Jahre betragen. Bewährt sich der Professor in dieser Zeit, wird die Befristung im Anschluss aufgehoben. Auf welche Weise aber kann sich ein Professor bewähren? Und, was sich bestimmt jeder Student schon einmal gefragt hat: Was tun die denn eigentlich den ganzen Tag?

Universitätsprofessoren haben normalerweise eine Lehrverpflichtung im Umfang von acht Semesterwochenstunden. Für jeden Lehramtsstudenten klingt das traumhaft, wenn er weiß, dass er selbst als Gymnasiallehrer bei vollem Deputat jede Woche seine 26 Stunden vor der Klasse stehen muss. Außerdem gibt es ja noch die Semesterferien ...

Doch die Arbeitszeiten von Professoren sehen bei näherer Begutachtung natürlich doch ein wenig anders aus. Neben den Lehrveranstaltungen, deren Vorbereitung natürlich wesentlich umfangreicher ist als die eines Lehrers, arbeitet der Professor an Forschungsprojekten, die er gleichzeitig verwalten und finanziell über das Einwerben von Drittmitteln absichern muss. Er sitzt in verschiedenen Gremien, betreut Prüfungen, Abschlussarbeiten und Doktoranden und hält meist einmal die Woche eine Sprechstunde ab. Normalerweise übernimmt er zusätzlich Funktionen in der Selbstverwaltung der Uni.

An Fachhochschulen, wo auf einen Professor weniger wissenschaftliche Mitarbeiter kommen, korrigieren Professoren die Klausuren überwiegend selbst. Als wichtig wird außerdem angesehen, dass der Professor weiterhin veröffentlicht. Hierfür kann in gewissen Zeitabständen sogar ein Forschungssemester beantragt werden, in dem der Professor von den Lehrtätigkeiten freigestellt wird. Neben den Professoren, die an der Universität oder Fachhochschule lehren, gibt es auch Professorenämter ohne Lehrverpflichtung. Diese sind mit einem reinen Forschungsauftrag verbunden.

Nach Angaben des Hochschulmagazins „Unicum" arbeiten Professoren durchschnittlich 50 bis 60 Wochenstunden, also wesentlich mehr als ein durchschnittlicher Angestellter.[3]

Ein gewaltiger Vorteil am Professorenamt ist, dass Sie eine enorme Freiheit genießen. Es gibt über Ihnen keinen Chef im klassischen Sinn, der

---

3 Quelle: www.unicum.de/evo/15886_1_2, 2009.

Ihnen Vorschriften macht und bestimmt, wie Sie Ihren Tag zu planen haben. Natürlich gehen mit dieser Freiheit auch Verantwortung und Verpflichtungen einher, denen Sie gewachsen sein müssen.

Als Nachteil der Professorenämter in Deutschland wird immer wieder die Bezahlung genannt, die im internationalen Vergleich je nach Land eher gering sei. Professoren gehören zunächst (außer Juniorprofessoren) zur Besoldungsgruppe W2, wenn sie nach dem Jahr 2005 berufen wurden. W2-Professoren verfügen über wenige oder keine wissenschaftlichen Mitarbeiter und ein bestimmtes Maß an Haushaltsmitteln. Sie verdienen aktuell ein Grundgehalt von je nach Bundesland zwischen 4.190 Euro (Berlin) und 5.532 Euro (Baden-Württemberg) brutto monatlich. Zu diesem kommen nicht ruhegehaltsfähige leistungsbezogene Zulagen für besondere Leistungen in Forschung, Lehre, Kunst, Weiterbildung und Nachwuchsförderung hinzu sowie für die Übernahme von zusätzlichen Verwaltungstätigkeiten.

Außerdem werden gegebenenfalls Familienzuschläge gewährt. Ein Kinderzuschlag kommt extra dazu.

Auch unter den Professoren gibt es, zumindest was die Bezahlung angeht, eine Hierarchie. W2-Professoren können auf W3 aufsteigen, wobei auch hier das Hausberufungsverbot zu beachten ist. Sie müssen hierzu also die Uni wechseln. W3-Professoren sind normalerweise Lehrstuhlinhaber, haben ein größeres Budget und in der Regel mehr wissenschaftliche Mitarbeiter. Außerdem verdienen sie natürlich mehr. Aktuell zwischen 5.087 Euro (Berlin) und 6.280 Euro (Baden-Württemberg) Grundgehalt. Auch hier kommen leistungsbezogene Zulagen und Familienzuschläge hinzu.

Die W-Besoldung ist noch relativ jung. Vor 2005 galt für Professoren die C-Besoldung, die auch weiterhin für Hochschulmitarbeiter gilt, die vor 2005 berufen wurden. Die Besonderheit der C-Besoldung gegenüber der neuen Regelung war, dass Professoren mit zunehmendem Alter automatisch mehr Gehalt bekamen. Insgesamt ist die W-Besoldung außerdem vom Grundbetrag her niedriger.

❓ **Test: Was weiß ich über das Professorenamt?**

Kreuzen Sie jeweils die korrekte Antwort an.

1. **Was bedeutet der Begriff „Professor"?**
   - ○ a. der, der sich öffentlich als Forscher zu erkennen gibt
   - ○ b. der, der sich öffentlich als Lehrer zu erkennen gibt
   - ○ c. der, der sich nicht zu erkennen gibt
   - ○ d. der, der sich öffentlich auf den Lehrstuhl setzt

2. **Woher kommt der „Ruf?"**
   - ○ a. von der Berufungskommission
   - ○ b. von der Berufswahl
   - ○ c. vom Hochschulrektor
   - ○ d. aus dem Wald

3. **Was versteht man unter einem „Emeritus"?**
   - ○ a. einen allein im Wald lebenden Professor
   - ○ b. einen alten Professor, der weiterhin lehren will
   - ○ c. einen alten Professor, der von seinen Dienstpflichten befreit wurde
   - ○ d. einen Professor, der über ein Bakterium forscht

4. **Welches der folgenden Professorenämter gibt es in Deutschland nicht?**
   - ○ a. außerordentlicher Professor
   - ○ b. unordentlicher Professor
   - ○ c. ordentlicher Professor
   - ○ d. außerplanmäßiger Professor

5. Was ist ein „ordentlicher Professor"?

○ a. ein gewissenhafter Professor

○ b. ein Professor, der Ordnung hält

○ c. alter Begriff für einen Uniprofessor, der Lehrstuhlinhaber ist

○ d. ein Professor, der an eine andere Uni abgeordnet wurde

Auflösung

1 B, 2 A, 3 C, 4 B, 5 C

7.2 Der Dschungel der Professorenämter

Wie viele Professorenämter kennen Sie? Genug um damit Stadt, Land, Fluss zu spielen? Wenn nicht, können Sie im Folgenden vielleicht noch etwas Neues erfahren. In Deutschland gibt es an Uni und Fachhochschule folgende Professorenämter:

1. Universitätsprofessor
2. Professor
3. Stiftungsprofessor
4. Juniorprofessor
5. Gastprofessor
6. Vertretungsprofessor
7. außerplanmäßiger Professor
8. gemeinsam berufener Professor/Sektoralprofessor
9. Honorarprofessor
10. Ehrenprofessor

Haben Sie den Überblick und können Sie jedes Amt genau von den jeweils anderen abgrenzen? Wissen Sie zumindest, welches der Ämter Ihre Profs eigentlich innehaben? Damit hätten Sie den meisten Studenten sicher etwas voraus, denn die Professorenämter bilden eine Art Dschungel, der den Studenten im Dickicht von Zeit zu Zeit ein Amt entdecken lässt, das im nächsten Moment aber wieder in der Fülle der anderen Ämter untertaucht. Bringen wir also Licht in den Dschungel der Professorenämter.

Es wäre freilich zu einfach gedacht, wenn Sie annähmen, dass sich der **Universitätsprofessor** vom **Professor** durch die Universität unterscheidet. Fakt ist, dass sich Professoren an Universitäten nur in einigen Bundesländern Universitätsprofessor nennen dürfen. In anderen Bundesländern gilt der Begriff Professor gleichermaßen für Professoren an Universitäten, Fachhochschulen und anderen Hochschulen. Dasselbe ist der Beruf an Uni und FH aber dennoch nicht.

An Fachhochschulen ist die Lehrverpflichtung mit 18 Wochenstunden bei gleichem Gehalt (W2 oder W3-Besoldung) um mehr als doppelt so hoch wie bei Professoren an Universitäten. So liegt auch der Schwerpunkt bei Fachhochschulprofessoren wesentlich stärker auf der Lehre als auf der Forschung. Die Inhalte sollen zudem mehr Praxisorientierung aufweisen.

Dementsprechend unterscheiden sich die Voraussetzungen: Ein Professor an einer Fachhochschule muss nicht habilitiert sein, sondern soll in erster Linie eine solide Praxiserfahrung mitbringen: mindestens fünf Jahre Berufserfahrung, von denen mindestens drei außerhalb der Hochschule absolviert wurden. In der Regel wird neben einer Promotion der Nachweis über die pädagogische Eignung gefordert, beispielsweise durch Lehrerfahrung.

Die derzeit 660 **Stiftungsprofessoren** tragen formal denselben Professorentitel wie andere Professoren, üben teilweise dieselben Tätigkeiten aus, unterscheiden sich jedoch durch die Bezahlung über eine Stiftung, die den Lehrstuhl des Professors finanziert. Zur Berufung gelten daher dieselben Voraussetzungen wie für andere Professoren und die Bezahlung erfolgt dementsprechend über die Besoldungsgruppen W2 bzw. W3.

❶ Tipp:

Die aktuelle Studie „Stiftungsprofessoren in Deutschland. Zahlen, Erfahrungen, Perspektiven", herausgegeben vom Deutschen Stifterverband, können Sie sich auf der Webseite www.stifterverband.de kostenlos downloaden.

Über den **Juniorprofessor** informiert Sie ausführlich Kapitel 6.

Der **Gastprofessor** ist ein Professor, der für einen bestimmten befristeten Zeitraum (bis zu sechs Jahren) an einer Hochschule lehrt und forscht. Für ihn gelten grundsätzlich dieselben Voraussetzungen wie für andere Professoren, wobei ihm aufgrund der zeitlichen Befristung Einschränkungen bei der Selbstverwaltung obliegen. Beispielsweise darf er nicht wählen. Ursprüngliches Ziel der Gastprofessur ist der Austausch zwischen Professoren unterschiedlicher Hochschulen in Lehre und Forschung. Gastprofessoren werden allerdings oft auch berufen, um eine Personallücke zu schließen, bis die langwierigen Berufungsverfahren abgeschlossen sind. Sie tragen für den Zeitraum ihrer Tätigkeit den Titel „Gastprofessor".

Im Unterschied zum Gastprofessor ist der **Vertretungsprofessor** in erster Linie dafür zuständig, Personallücken zu füllen. Er springt ein, bis ein Berufungsverfahren abgeschlossen ist, und muss daher selbst nicht berufen werden, um an die Stelle zu gelangen. Dennoch muss er normalerweise wie ein anderer Professor mit Promotion und Habilitation bzw. Habilitationsäquivalent qualifiziert sein. Das Amt berechtigt ihn nicht zum Führen eines speziellen Titels und ist bereits aus der Zweckmäßigkeit heraus immer befristet. Die Besoldung ist ein weiterer Nachteil: Der Vertretungsprofessor wird an der Hochschule angestellt, was gegenüber der Verbeamtung einen finanziellen Nachteil bedeutet.

Vorteil einer Vertretungsprofessur ist es, Erfahrungen in einer formal ansonsten vollwertigen Professorenstelle sammeln zu können. Ein Professor meiner Uni berichtete außerdem von einem Vertretungsprofessor, der sich selbst während seines eigenen Berufungsverfahrens vertreten hatte. Mit Berufung auf die Stelle hatte er sich auf diese Weise an seinem Arbeitsplatz schon eingearbeitet.

Der **außerplanmäßige Professor** ist, wie wir es mittlerweile von Bezeichnungen an der Hochschule gewöhnt sind, weder ungeplant noch zwangsläufig planlos. Tatsächlich handelt es sich auch im Gegensatz zu den anderen Professorenbezeichnungen nicht um ein Amt, sondern um eine Würde. Diese kann Privatdozenten verliehen werden, die sich in Lehre oder Forschung besonders hervorgetan haben. Die Bezeichnung ist nicht mit einer Stelle oder sonstigen Privilegien neben einem Gewinn an Ansehen verbunden. Dennoch dürfen sich die Personen, die sie tragen, ebenso „Professor" nennen wie Professoren mit einer Professorenstelle. Oft ist der Titel hier mit der Verpflichtung verbunden, unvergütet Lehrveranstaltungen an einer Hochschule abzuhalten.

Beim **gemeinsam berufenen Professor,** der in Berlin **Sektoralprofessor** genannt wird, handelt es sich um eine Person, die sich durch ihre Tätigkeit in der Praxis hervorgehoben hat und daher neben dieser Arbeit zusätzlich an der Hochschule lehrt. Meist sind es wenige Semesterwochenstunden (etwa zwei), für die der Berufene vom Arbeitgeber freigestellt wird. Die Bezahlung erfolgt normalerweise weiterhin ausschließlich über den außeruniversitären Arbeitgeber.

Für die Ausübung der Tätigkeit ist eine gemeinsame Berufung von außeruniversitärem Arbeitgeber und Hochschule notwendig, für die ein Vertrag abgeschlossen wird. Mit den gemeinsam berufenen Professoren soll die Zusammenarbeit von außeruniversitären Einrichtungen und den Hochschulen in Forschung und Lehre gestärkt werden.

Eine weitere Spielart der Professorenbezeichnungen ist der **Honorarprofessor**. Vielleicht ahnen Sie es bereits: Er ist kein Professor, der Honorar bekommt. Das Gegenteil ist der Fall: Er bekommt für seine Tätigkeit an der Hochschule kein Honorar und muss sich daher mit seinem eigenen Titel ein wenig verschaukelt vorkommen. Tatsächlich spielt der Titel auf die Ehre (lat. *honor*) an, die ihm verliehen wurde.

Hauptberuflich ist der Honorarprofessor außerhalb der Hochschule tätig, ist dieser allerdings durch jahrelange Tätigkeit als Privatdozent (lesen Sie hierzu auch Kapitel 4.4) oder Lehrbeauftragter (lesen Sie hierzu auch Kapitel 8.1) stark verbunden. Auch ein Honorarprofessor muss auf seine Tätigkeit an der Hochschule berufen werden. Er verpflichtet sich allerdings nur zu geringem Lehrumfang von zwei Semesterwochenstunden. Mit dem Ende der Ausübung in der Lehre darf der Betroffene den Titel nicht mehr verwenden.

Vielleicht fragen Sie sich an dieser Stelle, wer eine solche Tätigkeit ausüben würde. Sie werden sich wundern, denn Sie kennen eine ganze Menge Menschen, die genau das tun. Der ehemalige Papst Benedikt XVI war Honorarprofessor an der Uni Regensburg, der ehemalige Bundespräsident Horst Köhler übte diese Tätigkeit der Ehre halber an der Uni Tübingen aus und Autor Walter Kempowski dozierte titelhalber an der Uni Rostock.

Während der Honorarprofessor sein Amt der Ehre halber ausübt, arbeitet der **Ehrenprofessor** überhaupt nicht. Zumindest ist mit dem Amt, das als reine Auszeichnung vergeben wird, keine Lehrverpflichtung verbunden. Ein Ehrenprofessor muss deshalb auch keine feststehenden Qualifikationen mitbringen, sondern sich lediglich in bestimmter Weise hervorgetan haben, die es zu honorieren gilt. Aus diesem Grund floriert leider auch der Handel mit Ehrendoktortiteln, denn wer einen Titel um jeden Preis wünscht, kann sich dort auch finanziell in Form einer Spende hervortun.

In Deutschland wird der Ehrenprofessor dagegen nur äußerst selten und allein vom Ministerpräsidenten vergeben. In den meisten Bundesländern wird mittlerweile ganz auf die Vergabe verzichtet. Die Auszeichnung berechtigt zum Führen des Titels „Professor h.c." (*honoris causa* = der Ehre halber).

✓ Checkliste: Das bedeuten die Abkürzungen vor dem Namen

Univ.-Prof.	= Universitätsprofessor
Prof.	= Professor
Prof. i. K.	= Professor im Kirchendienst
apl. Prof.	= außerplanmäßiger Professor
HonProf.	= Honorarprofessor
Prof. h. c.	= Ehrenprofessor

7.3 Aufstiegsmöglichkeiten nach der Professorenstelle

Wissen Sie, wie man den Rektor einer Universität in Deutschland korrekt anspricht? Eure Magnifizenz! Zu Deutsch, Erhabenheit. Den Dekan nennt man übrigens Eure Spektabilität, was Ehrwürdigkeit bedeutet. Und das Schönste: Diese Anreden werden tatsächlich noch bei offiziellen Anlässen verwendet.

Ein Grund mehr, sich für die Ämter zu interessieren, die es nach der Professorenstelle noch zu ergattern gibt. Im Folgenden seien daher die wichtigsten Ämter kurz vorgestellt.

Dekan: Der Leiter der Fakultät

Da wäre zunächst der Dekan. Der Dekan ist Leiter seiner Fakultät. Hierzu wurde er vom Fakultätsrat, einem Gremium aus Vertretern der Hochschullehrer und weiteren wissenschaftlichen Beschäftigten, Studierenden und technischen Angestellten (lesen Sie hierzu auch Kapitel 10.2), auf Vorschlag des Vorstandsvorsitzenden gewählt.

Meist umfassen die Legislaturperioden eines Dekans vier Jahre, im Einzelnen ist dies im Hochschulgesetz des jeweiligen Bundeslandes geregelt. In dieser Zeit erhält der gewählte Professor einen Nachlass auf seine Semesterwochenstunden in der Lehre und muss stattdessen die Fakultät verwalten. So führt er beispielsweise den Vorsitz in Fakultätsrat und Fakultätsvorstand, bereitet dessen Sitzungen vor und vollzieht die Beschlüsse. Offiziell hat der Dekan auch die Dienstaufsicht über die wissenschaftlichen Mitarbeiter der Fakultät und überwacht, dass die Kollegen ihre Lehr- und Prüfungspflichten einhalten. In der Praxis wird man allerdings selten ein Gespräch verfolgen, in dem der Dekan seinen Kollegen ermahnt, doch bitte in Zukunft pünktlich zur Vorlesung zu erscheinen.

Übrigens ist es auch der Dekan, der Promotions- und Habilitationsurkunden unterschreibt und im feierlichen Rahmen überreicht.

Doch der **Dekan** ist mit seiner Aufgabe nicht allein. Ihm zur Seite steht der **Prodekan,** der Stellvertreter des Dekans, der ebenfalls vom Fakultätsrat, allerdings auf Vorschlag des Dekans, gewählt wird und diesen bei organisatorischen Aufgaben in der Fakultät unterstützt.

Neben dem Prodekan nimmt auch der **Studiendekan** dem Dekan einige Arbeit ab. Dieser wird ebenfalls auf Vorschlag des Dekans vom Fakultätsrat gewählt. In einigen Fakultäten gibt es auch mehrere Studiendekane, von denen allerdings immer nur einer Mitglied des Fakultätsvorstands sein kann. Eine klassische Aufgabe des Studiendekans ist es, darauf zu achten, dass sich angebotene Pflichtlehrveranstaltungen zeitlich nicht überschneiden. Dies wird jedoch je nach Fachbereich mehr oder weniger ernst genommen. Darüber hinaus berät er Studenten zur Studienordnung, hält Sprechstunden ab und pflegt Kontakte zu den Institutionen, die für den Fachbereich wichtig sind.

Rektor: Der Leiter der Hochschule

Eine weitere Karriereoption für Professoren bietet eine Stelle als Hochschulrektor, der an manchen Hochschulen auch die neuere Bezeichnung „Präsident" trägt. Dieser wird vom Hochschulrat bzw. Universitätsrat gewählt und anschließend vom Ministerpräsidenten für Wissenschaft, Forschung und Kunst ernannt. Der Senat muss den Rektor mit Stimmenmehrheit bestätigen.

Aufgabe des Hochschulrektors ist die Leitung des Rektorats der Hochschule. Hierfür wird der Rektor vollständig von der Lehrpflicht entbunden. Er wird für vier bis acht Jahre ins Amt gewählt, die genaue Dauer der Legislaturperiode ist im jeweiligen Landeshochschulgesetz geregelt.

Vorteil einer langen Legislaturperiode ist die stärkere Stringenz und Kontinuität in der Amtstätigkeit, die dazu beiträgt, dass das Rektorat handlungsfähig ist. Ein Nachteil für den Amtsinhaber ist, dass er als Professor für einen relativ langen Zeitraum aus seiner Arbeit herausgerissen wird und die weitere Forschungsentwicklung verpasst. Der anschließende Wiedereinstieg wird hierdurch erschwert.

Der **Rektor** bzw. **Präsident** vertritt die Hochschule nach außen, er ist Leiter des Rektorats, das neben dem Rektor aus mehreren **Prorektoren** besteht, die normalerweise aus der Gruppe der Professoren gewählt werden. Der erste Prorektor kann die Vertretung des Rektors übernehmen, wenn dies notwendig wird. Der Rektor beruft die Sitzungen der Hochschulleitung ein, hat deren Vorsitz und vollzieht die Beschlüsse. Er bereitet die Sitzungen des Senats vor und führt dessen Beschlüsse aus. Ein wichtiges Ziel seines sonst weitgehend repräsentativen Amts ist es, Richtlinien und Zielsetzungen der Hochschule festzulegen und zu überprüfen. Einmal jährlich legt er hierzu dem Hochschulrat einen Rechenschaftsbericht vor.

Außerdem ist der Rektor offizieller Dienstvorgesetzter aller an der Hochschule tätigen wissenschaftlichen Beamten und Angestellten sowie des **Kanzlers**, der Chef der Verwaltung ist und üblicherweise nicht aus der Professorengruppe kommt. Auch hat der Rektor ein Aufsichts- und Weisungsrecht gegenüber den Dekanen.

Der Rektor kann nach Ablauf einer Legislaturperiode wiedergewählt werden, darf sein Amt jedoch meist nicht länger als insgesamt zwölf Jahre ausüben.

8. Auf Seitenwegen: Quereinstieg aus der Praxis

8.1 Lehrbeauftragter

Mit 90.009 Lehrbeauftragten[1] haben in dieser Position tätige Wissenschaftler eine wichtige Stützfunktion für die deutsche Hochschullandschaft inne. Immerhin gibt es mehr als doppelt so viele Lehrbeauftragte wie Professoren, sie wuchten an Universitäten etwa neun Prozent, an Fachhochschulen sogar zwischen 25 und 50 Prozent der Lehre überhaupt – und zwar nebenberuflich!

Lehrbeauftragte sind selbstständig tätige Personen, die an der Hochschule lehren. Oft handelt es sich um Angestellte in Unternehmen, die nebenbei ihr Know-how weitergeben, allerdings auch um Nachwuchswissenschaftler während oder nach der Promotion, die Erfahrungen in der Lehre sammeln wollen, oder sogar Privatdozenten und Dozenten aus dem Ausland.

Ziel der Funktion „Lehrbeauftragter" war es ursprünglich, Wissen aus der Praxis an die Hochschule zu bringen und damit das Lehrangebot optimal zu ergänzen. Tatsächlich wäre mittlerweile der Lehrbetrieb an einigen Hochschulen ohne die Lehrbeauftragten überhaupt nicht mehr möglich. Ein Grund für diesen Erfolg der Stelle ist leider weniger erfreulich: Lehrbeauftragte sind billige, teilweise sogar unvergütet tätige Arbeitskräfte ohne Mitspracherecht an der Hochschule.

Ein Lehrauftrag umfasst normalerweise zwei Semesterwochenstunden, die per Stundenhonorar zwischen 25 bis 35 Euro bezahlt werden.[2] Es ist möglich, mehrere solcher Aufträge anzunehmen, wobei die Hochschulen meist darauf achten, nicht mehr als eine halbe Stelle zu besetzen (etwa zehn Stunden), weil Sie sonst nach einigen Jahren gesetzlichen Anspruch

---

1   Angaben des Statistischen Bundesamts, 2012: http://de.statista.com/statistik/daten/studie/248211/umfrage/personal-an-deutschen-hochschulen-nach-personalgruppen/, zugegriffen am 28.07.2014.
2   Angaben der GEW: http://www.gew.de/Lehrbeauftragte.html, geprüft: 28.07.2014.

auf eine unbefristete Beschäftigung hätten, die die Hochschule finanzieren müsste. Vor- und Nachbereitung der Unterrichtsstunden sind unentgeltlich.

Als Selbstständiger muss sich der Lehrbeauftragte freiwillig kranken- und privat rentenversichern, wenn er die Tätigkeit nicht wie ursprünglich angedacht als Nebentätigkeit neben einer festen Stelle in einem Unternehmen ausübt. Zudem ist er natürlich von den Tarifverträgen an der Hochschule ausgenommen.

Bisher haben die Hochschulen meist zwar Verständnis für den Protest von unterbezahlten Lehrbeauftragten gezeigt, allerdings mit Finanzlücken gegen eine Verbesserung der Arbeitssituation argumentiert. Mit der Erhebung von Studiengebühren hat sich das geändert und GEW und Lehrbeauftragten-Vereinigungen haben die Chance der Stunde vielfach genutzt. An zahlreichen Hochschulen werden derzeit Gespräche zur verbesserten Entlohnung geführt. So fand am 27.10.2012 beim DGB in Berlin ein erstes bundesweites Treffen der Sprachlehrbeauftragten an deutschen Hochschulen statt, bei dem die Probleme besprochen wurden. Gerade jetzt könnten sich also neue Möglichkeiten auftun, die eine Stelle als Lehrbeauftragter auch finanziell attraktiver machen.

Lehre light und doppelt Spaß? Eine Stelle vor allem für Nebenberufler

Der Hauptgrund, der Sie verleiten kann, eine solche Stelle anzunehmen, wird das Interesse an der Lehre sein. Sie wollen oder brauchen Lehrerfahrungen. Diese bekommen Sie hier. Mit zwei Semesterwochenstunden plus Vor- und Nachbereitung pro Lehrauftrag setzen Sie eine noch überschaubare Menge an Zeit ein, haben aber direkt die Möglichkeit, vor Studenten zu stehen und dort Ihre Lehrqualifikation zu überprüfen und weiterzuentwickeln.

Als Fachmann aus der Praxis ist es der Spaß an der Lehre und vielleicht der Status des Lehrenden an der Hochschule, der Sie hiervon überzeugt. Wenn Sie sich an der Hochschule bewähren, können Sie außerdem zum Honorarprofessor ernannt werden, vorausgesetzt Sie erfüllen die Voraussetzungen zur Berufung in ein Professorenamt (lesen Sie hierzu auch Kapitel 7.2).

Als Doktorand nehmen Sie mit der Stelle einen weiteren Qualifizierungsschritt, der gerade zu Beginn Ihrer Karriere wichtig ist. Hier sollten Sie allerdings darauf achten, sich weiterzuentwickeln, denn eine direkte Aufstiegschance in einen verantwortungsvolleren, höher bezahlten Posten gibt es nicht. Als Einnahmequelle ist eine Stelle als Lehrbeauftragter langfristig nicht zu empfehlen, da Sie von dem Gehalt hauptberuflich nicht leben können.

Es ist vergleichsweise einfach, einen Lehrauftrag zu erhalten. Voraussetzungen sind lediglich ein abgeschlossenes Studium und eine entsprechende fachliche und pädagogische Eignung in einem Bereich, der für die Fakultät interessant ist.

❶ Tipp:

> Gerade als Quereinsteiger aus der Praxis haben Sie hier optimale Einstiegsmöglichkeiten in eine Tätigkeit an der Hochschule. Sie können testen, ob Ihnen die Lehre liegt, ohne Ihre derzeitige Stelle aufgeben zu müssen. Und Ihre langjährige Arbeitserfahrung außerhalb der Hochschule wird noch positiv honoriert.

Der Fachbereichsrat entscheidet darüber, ob neue Lehraufträge erteilt werden. Normalerweise werden die Stellen ausgeschrieben, sodass Sie sich bei Interesse in Ihrem Fachbereich direkt bewerben können. Im Wesentlichen zählt bei der Entscheidung Ihre praktische Eignung; die Examensnote und sonstige Studienleistungen sind nur von zweitrangigem Interesse.

8.2 Lehrkraft für besondere Aufgaben

Was durch die nicht näher definierten „besonderen Aufgaben" wie eine geheimnisvolle Tätigkeitsbezeichnung beim Bundesnachrichtendienst klingt, ist tatsächlich ein Stellenprofil, das sich in den letzten Jahren einer wachsenden Arbeitnehmerschaft erfreut hat. Lehrkräfte für besondere Aufgaben (LfbA) sind Personen, die an Hochschulen ausschließlich Tätigkeiten im Bereich der Lehre und Beratung ausüben und dabei oft spezielle praktische Fertigkeiten und Kenntnisse vermitteln, beispielsweise als Dolmetscher, Fremdsprachenlektor oder auch als von der Schule in den Hochschuldienst abgeordneter Studienrat. Die Kenntnisse können einer hauptberuflichen Tätigkeit auch außerhalb der Hochschule entstammen. Quereinsteigern aus der Praxis stehen bei entsprechender Qualifikation die Türen offen!

Zum Alltag einer LfbA gehört das Abhalten von Übungen, Praktika, Seminaren, Vorlesungen, aber auch die Durchführung von Prüfungen oder die Begleitung auf Expeditionen. Forschung wird vom Stelleninhaber normalerweise nicht erwartet.

Dementsprechend ist die Lehrbelastung auf dieser Stelle allerdings relativ hoch. In einer Umfrage der GEW berichten LfbA in Thüringen an Universitäten von einem Lehrumfang von zwischen etwa acht bis zu 16 Semesterwochenstunden, an Fachhochschulen sogar von zwischen etwa 18 bis 22 Semesterwochenstunden. Auch aus Zeitmangel wird es vielen LfbA daher schwerfallen, nebenbei noch Forschung zu betreiben.

Die meist hauptberufliche Lehrtätigkeit kann befristet oder unbefristet ausgeübt werden und wird nach 13 TV-L oder BAT-O II a an der Uni bzw. BAT-O II b an der Fachhochschule entlohnt.

Schwerpunkt Lehre pur

Es liegt auf der Hand, dass sich eine Stelle als LfbA insbesondere für Menschen eignet, die ihren Schwerpunkt in der Lehre haben. Die Stelle kann Quereinsteiger aus der Praxis reizen, die Hochschulluft schnuppern möchten und in absehbarer Zeit keine Ansprüche auf ein Professorenamt erheben.

Wenn Sie dagegen auf dem direkten Weg an der Hochschule Karriere machen wollen und eine solche Stelle Ihren Weg kreuzt, sollten Sie in Ihre Überlegungen einbeziehen, dass die geringen Forschungsmöglichkeiten Ihre Hochschulkarriere auch bremsen könnten. Sie werden wenig Möglichkeit dazu haben, sich neben der Lehre weiterzuqualifizieren. Ein Fakt, der sich ungut auf die Aufstiegschancen auswirken kann!

Als LfbA sitzen Sie daher nur begrenzt und im Hinblick auf die Lehre auf einer Qualifizierungsstelle. Meist ist Erfahrung in der Lehre allerdings bereits Einstellungsvoraussetzung, sodass Sie diese eventuell zum Einstellungszeitpunkt gar nicht mehr nötig haben. Eine paradoxe Situation!

Ein weiteres Problem, von dem LfbA berichten, ist, dass die Hochschulen den Personenkreis auch für weitere Tätigkeiten außerhalb der Lehre in Anspruch nehmen. Diese Aufgaben werden allerdings in der Regel nicht vom Lehrumfang abgezogen, sodass einiges an Mehrarbeit auf Sie zukommen kann. Natürlich wird das von Fakultät zu Fakultät ganz unterschiedlich gehandhabt und muss Sie persönlich nicht betreffen, sollte aber doch angesprochen werden.

Ideal für Quereinsteiger aus der Praxis

Natürlich gibt es auch gute Gründe dafür, es den laut Statischem Bundesamt 9.912 LfbA gleichzutun[3] und eine solche Stelle mit beiden Händen zu ergreifen.

Offenkundigster Vorteil einer Stelle als LfbA ist die Nähe zur Lehre, wenn Sie diese suchen. In großem Umfang und mit vielen Freiheiten werden Sie vor Studenten stehen und sich selbst in dieser Rolle testen können.

Ein weiterer Vorteil, gerade für Quereinsteiger aus der Praxis mit wenig Hochschulerfahrung, ist die leichte Erreichbarkeit der Stelle. Einstellungsvoraussetzung für eine Stelle als LfbA ist lediglich ein Studienabschluss im Fach, in dem Sie lehren möchten. Bisweilen wird auch eine Promotion und meist Lehrerfahrung gewünscht. Gerade zum Durchstarten lohnt es sich eventuell also, auf einer solchen Stelle zu testen, ob Ihnen die Arbeit liegt. Und wenn Sie noch nicht promoviert haben, finden Sie auf diese Weise vielleicht sogar den idealen Doktorvater.

---

3 Quelle: Statistisches Bundesamt, 2012: http://de.statista.com/statistik/daten/studie/248211/umfrage/personal-an-deutschen-hochschulen-nach-personalgruppen/; zugegriffen am 28.07.2014.

Auf einen Blick: Lehrbeauftragter und Lehrkraft für besondere Aufgaben

	Lehrbeauftragter	Lehrkraft für besondere Aufgaben
Arbeitsstatus	selbstständig	angestellt
Befristungszeitraum	auftragsabhängig	befristet oder unbefristet
Zeitumfang Lehrveranstaltungen	je ca. 2 SWS	8–16 Stunden (Uni) 18–22 Stunden (FH)
Bezahlung	Stundenhonorar zwischen 25 und 35 Euro	13 TV-L bzw. BAT-O II a (Hessen und Berlin) an der Uni bzw. BAT-O II b an der FH

9. Karrieretriebwerk Ausland

9.1 Wissenswertes

Anpassungsvermögen, interkulturelles Interesse und Verständnis, Selbstständigkeit, Sozialkompetenz und Sprachkenntnisse sind nur einige der vielen Fähigkeiten, mit denen Auslandserfahrungen im Lebenslauf in Verbindung gebracht werden. Mit dem Job im Ausland beweist ein Bewerber nicht nur, dass er die eigene Entwicklung in die Hand nehmen kann, sondern er wächst auch persönlich durch die neuen Erfahrungen.

Die Zahl der deutschen Studierenden, die es für ein Semester ins Ausland zieht, hat sich nicht nur deshalb seit den 80er Jahren mehr als vervierfacht. Mehr als 120.000 Studenten studieren mittlerweile jährlich im Ausland.[1] Dabei sind die beliebtesten Ziele Österreich, die Niederlande und das Vereinigte Königreich. Die USA stehen nach der Schweiz auf Platz 5 der Favoritenliste deutscher Studierender.

Es ist möglich, dass Auslandserfahrungen in einigen Berufen weniger gefragt sind. Als Sportlehrer werden Sie wohl weniger schief angeguckt, wenn Sie Ihren Lebtag im Allgäu verbracht haben als ein Englischlehrer, der den Schülern die englische Kultur nahebringen soll. So ist es auch innerhalb der Hochschuljobs in erster Linie von Ihrem Fachbereich abhängig, wie wichtig Auslandserfahrungen für Sie sind. In sprachwissenschaftlichen Fächern werden diese generell erwartet, wobei Sie in Germanistik bei guten, beispielsweise familiären, Argumenten gegen ein Leben in der Ferne, auch mit Alternativen innerhalb von Deutschland punkten könnten.

Neben Ihrem Fachbereich kommt es auch auf Ihren Forschungsschwerpunkt, die an der Fakultät üblichen Gepflogenheiten und persönlichen Vorlieben an, wie wichtig der Auslandsaufenthalt für den Erfolg Ihrer Bewerbung ist. Für Sie persönlich, daran besteht kein Zweifel, ist er vorteilhaft.

---

1 Quelle: www.wissenschaft-weltoffen.de/daten/4/2/1, neuste Daten von 2011; zugegriffen am 28.07.2014.

Wenn Sie sich entschieden haben, ins Ausland gehen zu wollen, stellt sich eine Reihe von Fragen, bevor Sie die erste Bewerbung absenden. Zunächst: Wohin gehen Sie? Schließlich: Wann ist der richtige Zeitpunkt? Und abschließend: Was erwartet Sie an der Hochschule im Ausland?

❶ **Tipp:**

Eine Liste von Beratungsstellen zum Auslandsaufenthalt bieten die europäischen Mobilitätszentren (The European Researcher's Mobility Portal).
Wenden Sie sich zunächst an die Koordinierungsstelle EURAXESS Deutschland. Ein Servicezentrum finden Sie in zahlreichen Uni-Städten oder im Internet unter: www.euraxess.de

Alle Wege führen nach ...

Die erste Frage hängt im Wesentlichen vom Ziel ab, das Sie mit Ihrem Auslandsaufenthalt erreichen wollen. Dieses kann sehr spezifisch sein, beispielsweise: promovieren, oder aber eher offen, beispielsweise: Forschungserfahrungen in einer neuen Umgebung mit interessanten Menschen sammeln.

Im ersten Fall richtet sich Ihr Zielland nach dem Promotionsthema. Wo gibt es Professoren mit Renommee auf Ihrem Gebiet? Während Sie sich in Ihr Thema einlesen, werden Sie mit Sicherheit auf die Namen stoßen, die am besten als Betreuer Ihrer Promotion infrage kommen. Beginnen Sie hier Ihre Anfragen, indem Sie sich zunächst über die Promotionsgepflogenheiten im Zielland informieren, dann mit dem gewünschten Professor entsprechend in Kontakt treten.

Der zweite Fall lässt Ihnen mehr Freiheit bei der Wahl Ihres Ziellandes. Vorausgesetzt, dass Ihr Schwerpunkt an der Fakultät bzw. an der außeruniversitären Einrichtung Ihrer Wahl abgedeckt wird, sind Ihnen keine Grenzen gesetzt. Beginnen Sie Ihre Recherche mit einer Durchsicht passender Stellenangebote. Lesen Sie außerdem in Kapitel 9.2 über Programme, mit denen Sie Ihren Aufenthalt finanzieren können.

❶ **Tipp:**
Eine internationale Stellenbörse mit zahlreichen Vakanzen im Hochschulbereich finden Sie im Internet unter http://www.careeredu.eu. Ein europaweites Portal für Stellen in Lehre und Forschung bietet ebenfalls EURAXESS.

Der richtige Zeitpunkt

Die Frage nach dem passenden Moment hat es in sich. Wenn Sie die Studien mit den Aufbruchszeitpunkten Ihrer Kollegen studieren, werden Sie feststellen, dass eine große Anzahl von Wissenschaftlern bereits während des Studiums auf einen oder sogar mehrere Auslandsaufenthalte setzt. Sie sollten sich davon nicht unter Druck setzen lassen, jedoch überlegen, was in Ihrem konkreten Fall dagegen spricht. Ein Erasmus-Jahr ist relativ leicht organisiert, bringt Sie weiter und macht Spaß. Am häufigsten schaffen Studierende aus den Sprach- und Kulturwissenschaften den Absprung in die Ferne.[2]

Nach dem Studium kann sich auch die Promotion in einem anderen Land empfehlen. Informieren sollten Sie sich über die Anrechnung des im Zielland erreichten Doktortitels in Deutschland. In Kapitel 3.3 wurde bereits darauf hingewiesen, dass sich Auslandsaufenthalte auch in der Postdoc-Phase geradezu anbieten. Lesen Sie dort, welche vielfältigen Fördermöglichkeiten es gibt. Im Jahr 2012 machten sich insgesamt 9.879 Postdocs, Hochschullehrer und Wissenschaftler über Förderungen mit einer Stelle im Ausland vertraut.[3]

Vor diesem Hintergrund lässt sich sagen, dass sich Auslandsaufenthalte in Lehre und Forschung für die Karriere jederzeit lohnen können. Nutzen Sie die Gelegenheit, wenn Sie einen Karriereschritt gemeistert haben und einen neuen angehen. So verlieren Sie keine Zeit und planen auf die stringenteste Weise. Doch auch wenn Sie die Zusage einer Uni oder außeruniversitären Einrichtung im Land Ihrer Wahl aus einer Stelle herausreißt, sollten Sie überlegen, ob es das wert sein könnte. Letztlich entscheiden Sie.

---

2 Quelle: http://www.wissenschaftweltoffen.de/daten/4/2/3, zugegriffen am 28.07.2014.
3 Quelle: http://www.wissenschaft-weltoffen.de/daten/6/5/1, 2012; zugegriffen am 28.07.2014.

Andere Länder, andere Sitten

Die dritte Frage hatte Ihr Zielland bereits genauer im Auge. Was erwartet Sie an der Hochschule im Ausland? Pauschal lässt sich diese Frage natürlich nicht beantworten. Noch bevor Sie wissen, wohin es geht, sollten Sie sich hierüber dennoch so gründlich wie möglich informieren. Im Folgenden werden die bei deutschen Wissenschaftlern besonders beliebten Nationen USA, Großbritannien und Frankreich näher erläutert. Außerdem werfen wir einen Blick auf unsere Nachbarländer Österreich und Schweiz.

Ein international vergleichender Bericht des Bundesministeriums für Bildung und Forschung zur Förderung des wissenschaftlichen Nachwuchses (BuWiN), allerdings von 2008, schließt: „Die deutschen Universitäten stellen für ausgewiesene Hochschullehrerinnen und Hochschullehrer in Dauerstellung nur etwa ein Fünftel ihrer Wissenschaftlerstellen bereit. In Großbritannien sind es dagegen rund zwei Drittel, in Frankreich sogar fast drei Viertel. In den US-Universitäten befinden sich deutlich mehr als 50 Prozent des wissenschaftlichen Personals in selbständigen Hochschullehrerpositionen mit Tenure, außerdem hat ein Großteil der ebenfalls selbständig lehrenden und forschenden Assistant Professors Tenure-Track- oder Career-Track-Positionen mit der Option zur Festanstellung bei Bewährung inne."[4]

❶ Tipp:

Die wichtigsten Daten zu Forschung und Entwicklung in Ihrem Zielland in Europa finden Sie unter www.science-guide.eu und www.gate-germany.de.

USA

In den USA erwartet Sie ein Hochschulsystem, das sich von unserem stark unterscheidet. Während in Deutschland die öffentlichen Universitäten klar dominieren, stehen in den USA den meist durchschnittlichen öffentlichen Unis die oft reichen privaten Unis mit besserer Ausstattung gegenüber.

---

4   BMBF (Hrsg.): Bundesbericht zur Förderung des Wissenschaftlichen Nachwuchses (BuWiN). Bonn, Berlin, 2008. Seite 284.

Dabei gibt es auch im Aufbau der Hochschulen wesentliche Unterschiede: Auf Colleges trifft sich die Masse der Studierenden und wird von mittelmäßig bezahlten Professoren breit ausgebildet; auf den selteneren Forschungsuniversitäten dagegen herrscht Elite-Stimmung und rollt der Rubel für die Professoren. Sicher kennen Sie die Beispiele Harvard, Yale und Stanford.

Das starke Gefälle zwischen privaten und öffentlichen Universitäten sollten Sie im Hinterkopf behalten, sowohl wenn Ihnen Forscher von der Arbeit in den USA vorschwärmen als auch wenn Studien ergeben, dass in den Staaten und in Deutschland vergleichbare Chancen für Nachwuchswissenschaftler bestehen. Durchschnittswerte von Hochschulen aus den USA ignorieren den Fakt der „zweigeteilten" Uni: Während Sie an den privaten Unis doch oft wesentlich bessere Chancen haben, sieht dies mitunter an einer öffentlichen Uni anders aus.

Ein ähnlich gespaltenes Bild zeichnet sich in der Besoldung der Stellen. Nach Angaben der American Association of University Professors ist das Gehalt eines Professors an einer privaten Universität durchschnittlich ein Drittel höher als das eines Kollegen an einer öffentlichen Universität in den Staaten. Die kleine Gruppe der Eliteuniversitäten zahlt dabei noch einmal wesentlich mehr.

Laut academics.de liegt das Durchschnittsgehalt eines Vollzeitprofessors an einer staatlichen Uni in den USA bei 109.569 US-Dollar im Jahr.[5] Dieses Gehalt liegt deutlich über dem Grundbezug eines W3-Professors in jedem deutschen Bundesland.

Ein weiterer Vorteil für Hochschulmitarbeiter ist, dass es in den USA weniger befristete Stellen und kein Hausberufungsverbot gibt.

Oft wird berichtet, dass sich auch die Stimmung für Nachwuchswissenschaftler in den USA von der Atmosphäre in Deutschland unterscheidet. In den USA seien die Hierarchien weniger stark ausgeprägt, die Forscher unabhängiger und stünden weniger unter dem Druck befristeter Anstellungen. Dadurch, dass Universitäten sich nicht selbst verwalten, sondern hierfür Personal einstellen, bleibt den Wissenschaftlern oft mehr Zeit für

---

5 http://www.academics.de/wissenschaft/usa_professoren_an_privaten_hochschulen_verdienen_mehr_30687.html; zugegriffen am 28.07.2014.

die Forschung. Gerade der Fakt, dass deutsche Nachwuchswissenschaftler gerne in den USA eingestellt werden, zeigt allerdings, dass das deutsche System in der Heranbildung qualifizierten Nachwuchses dennoch sicher nicht versagt hat.

Großbritannien

In Großbritannien unterteilt sich die Hochschullandschaft in Universitäten, Colleges und Higher Education Institutes. Die Institute sind fast ausschließlich staatlich, jedoch relativ unabhängig, werden allerdings von der extra hierfür eingerichteten Quality Assurance Agency for Higher Education (QAA) regelmäßig auf international wettbewerbsfähige Qualität überprüft und mit Richtlinien ausgestattet.

❶ **Tipp:**
Die detaillierten Berichte der QAA zur Qualität jeder einzelnen der 189 Hochschulen in Großbritannien können Sie im Internet nachlesen: http://www.qaa.ac.uk/reviews-and-reports

Auch der Personalaufbau unterscheidet sich in wesentlichen Punkten von dem in Deutschland. Nach Angaben der BuWin-Statistik[6] sind in Großbritannien zwei Drittel der hauptamtlichen Wissenschaftler als Lecturer, Senior Lecturer und Professoren fest angestellt. Die Posititon „Lecturer" ist üblicherweise der Zugang zur Hochschulkarriere in der Lehre. Postdocs können sich darauf bewerben und nehmen die Stelle mit dreijähriger Probezeit wahr. Bei positiver Evaluation werden sie im Anschluss unbefristet übernommen und haben die Möglichkeit, zum Senior Lecturer oder Professor aufzusteigen oder aber in Ihrer Position zu verbleiben. Dieses Tenure-Track-Modell wird dadurch ermöglicht, dass es auch in Großbritannien kein Hausberufungsverbot gibt, und ist insbesondere attraktiv für Nachwuchswissenschaftler, weil Rechte und Pflichten des Lecturers bereits keine wesentlichen Unterschiede zu denen der Professoren aufweisen.

Tendenziell nehmen allerdings auch in Großbritannien befristete Stellen mehr und mehr zu. Traditionell ist das Amt des „Researchers" befristet,

---

6   A. a. O.

das immerhin ein Viertel des Hochschulpersonals innehat. Die Stellen zielen auf die Vorbereitung auf ein Amt als Lecturer ab und werden von Promovierenden und Promovierten in der Postdoc-Phase genutzt, um Forschungserfahrungen zu sammeln. Insbesondere an forschungsintensiven Universitäten werden Researcher-Karrieren häufiger, in denen sich Nachwuchswissenschaftler von einer Befristung zur nächsten hangeln.

> **❶ Tipp:**
> Weiterführende Informationen zur Forschung im Vereinigten Königreich finden Sie unter www.britishcouncil.org.

Frankreich

Wie in Großbritannien lässt sich die Hochschullandschaft auch in Frankreich dreiteilen: in Universität, Grande Ecole und école specialisée. Die Universität ist mit dem deutschen Pendant vergleichbar, während die Grande Ecole nur Masterstudiengänge in bestimmten Fachbereichen anbietet. Unter anderem durch die aufwändige Zulassungsprüfung gilt die Grande Ecole als elitär. Ecoles specialisée sind spezialisierte Hochschulen wie Kunstakademien, Musik- oder Filmhochschulen.

Doch auch Frankreich hält Überraschungen bereit: So ist die Hochschule hier ein Ort, an dem die Lehre durchweg den Schwerpunkt bildet. Wer forschen will, kann sich bei außeruniversitären Forschungseinrichtungen bewerben. Beiden gemeinsam ist, dass die Stellen dort zum Großteil unbefristet sind.

Das hauptberufliche Hochschulpersonal an den Universitäten besteht zu etwa 25 Prozent aus in der Regel auf Lebenszeit verbeamteten Professoren und zu ca. 50 Prozent aus den „Maîtres de Conférences", nach einer etwa einjährigen Probezeit auf Lebenszeit verbeamtete Hochschullehrer mit Doktorgrad, in der Regel jedoch im Gegensatz zu den Professoren ohne Habilitation.

Die befristet angestellten „Attaché Temporaire d' Enseignement et de Recherche (ATER)" machen etwa 16 Prozent der Hochschullehrer aus. Ziel der ATER-Stellen ist es, Doktoranden und Postdocs innerhalb von ein bis zwei Jahren für eine Stelle als Maîtres de Conférences zu qualifizieren.

Allerdings haben Wissenschaftler auf diesen Stellen bereits eine Lehrverpflichtung im gleichen Umfang wie die Maîtres de Conférences oder die Professoren. Auch Frankreich kennt kein Hausberufungsverbot, sodass ein interner Aufstieg möglich und üblich ist.

Knapp 10 Prozent der Hochschullehrer in Frankreich sind übrigens von der Schule zur Lehre abgeordnete, verbeamtete Gymnasiallehrer.

❶ Tipp:
Rund um Studium, Hochschulsystem und Leben in Frankreich informiert die französische Botschaft auf www.cidu.de.

Österreich

In Österreich befinden sich 21 staatliche Universitäten, 12 Fachhochschulen und eine Reihe von Pädagogischen Hochschulen. Die Universitäten werden in 15 Wissenschaftsuniversitäten und sechs Kunstuniversitäten untergliedert. Zudem gibt es elf private Hochschulen, was Österreich insgesamt zu einer beachtlichen Hochschuldichte verhilft.

Das österreichische Hochschulpersonal trägt im Wesentlichen dieselben Berufsbezeichnungen wie das deutsche, wobei im Einzelfall gravierende Unterschiede auftreten können. So bezeichnet beispielsweise „Professor" auch einen Amtstitel für ernannte Lehrer an höheren Schulen. Die österreichische „Assistenzprofessur", die oft mit der gleichnamigen Schweizer Stelle verwechselt wird, meint dagegen ein Amt mit Beamtenstatus ähnlich des Akademischen Rats in Deutschland.

An den öffentlichen Universitäten in Österreich waren im Studienjahr 2012/2013 insgesamt 35.506 Lehrpersonen tätig. Davon hatten 2.333 Beschäftigte Professorenstellen inne, 33.173 Personen arbeiteten als sonstiges wissenschaftliches oder künstlerisches Personal.[7] Auffällig ist, dass auch in Österreich weniger als jeder zweite Beschäftigte eine Vollzeitstelle innehat.

Die österreichischen Gehälter sind äußerst komplex. Es gibt 19 Gehaltsstufen, auf denen die Dozenten automatisch alle zwei Jahre zur nächsten

---

7   Quelle: Statistik Austria, 2013; Quelle: http://www.statistik.at/web_de/statistiken/bildung_und_kultur/formales_bildungswesen/lehrpersonen, zugegriffen am 28.07.2014.

Stufe aufsteigen. Im direkten Vergleich zu Deutschland fällt der Brutto-Verdienst oft höher aus. Auf der Hand bleibt dagegen zunächst nicht unbedingt mehr, da auch die Steuern höher sind. Außerdem muss die enorme Kluft beachtet werden, die zwischen dem vergleichsweise hohen Gehalt der Naturwissenschaftler und dem wesentlich geringeren der Geisteswissenschaftler liegt. Männer verdienen zudem deutlich mehr als Frauen. Mit 39 Prozent ist der Frauenanteil an öffentlichen Universitäten dennoch relativ hoch, wobei unter den Professoren allerdings auch nur noch 22 Prozent weiblich sind.

> **❶ Tipp:**
>
> Die Webseite www.wegweiser.ac.at informiert umfassend über Studium und Jobs an Universitäten und Fachhochschulen in Österreich. Darüber hinaus werden aktuelle Stellenanzeigen gelistet.

Schweiz

Die Schweizer Hochschullandschaft gliedert sich in zehn kantonale Universitäten, zwei Eidgenössische Technische Hochschulen, neun vom Bund anerkannte Fachhochschulen und 15 Pädagogische Hochschulen.

Auffällig ist die unausgewogene Verteilung der Stellen: Beinahe drei Viertel der Vollzeitbeschäftigten in diesem Bereich sind an den universitären Hochschulen tätig, lediglich etwas mehr als ein Viertel arbeiten an den Fachhochschulen. Analog dazu fallen auch fast drei Viertel der staatlichen Kosten für die Hochschulen den Universitäten zu.

Der Personalaufbau selbst ist dem deutschen sehr ähnlich, was den Wechsel zwischen den Ländern erleichtert. So gibt es auch hier assistierende und wissenschaftliche Mitarbeiter, Privatdozenten, Gastdozenten, Lehrbeauftragte und Professoren. Die Berufsprofile können dabei im Einzelfall allerdings ganz anders definiert sein als die deutschen mit derselben Bezeichnung. Beispielsweise ist der „Professor" in der Schweiz lediglich ein Ehrentitel. Die Amtsbezeichnung lautet „Dozent."

Eine Gemeinsamkeit zu Deutschland ist allerdings der steinige Weg ins Professorenamt. Auch in der Schweiz führt traditionell kein geebneter

„Tenure-Track-Pfad" zum Professorenstuhl. Die Lage des wissenschaftlichen Mittelbaus ist nicht einfach. Nach Schätzungen der Assistentenvereinigung der Universität Zürich enden lediglich drei Prozent der Assistenten jemals in einer Professur. Allerdings wurde in der Schweiz bereits vor Deutschland die sogenannte „Assistenzprofessur" eingeführt, die dem Konzept der deutschen Juniorprofessur entspricht, sodass sich diese Daten in Zukunft rapide ändern könnten.

Ist die Professorenstelle einmal erreicht, bieten sich außerdem im Vergleich zu Deutschland finanziell bessere Chancen. Die Löhne der Dozenten sind kantonal unterschiedlich geregelt und liegen in der Regel so wesentlich über den in Deutschland üblichen Gehältern für Professoren, dass dem auch die höheren Lebenshaltungskosten in der Schweiz keinen Abbruch tun.

❶ **Tipp:**
Das Schweizer Bundesamt für Statistik gibt regelmäßig eine Bewertung der Hochschulen anhand eines Hochschulindikatorensystems heraus. Sie finden die Daten im Internet auf www.bfs.ch.

9.2 Programme

Von der Studienzeit bis zum Professorenamt bieten zahlreiche Programme Unterstützung bei der Durchführung Ihres Auslandsaufenthalts. Im Folgenden finden Sie eine Tabelle, in der Sie für jeden Zeitpunkt in Ihrer Hochschulkarriere eine geeignete Förderung finden, die Sie in die Ferne begleiten kann. Sehen Sie sich um und bewerben Sie sich bei den Förderprogrammen, die für Ihr Vorhaben geeignet sind! Adressen zur weiterführenden Recherche und zur Bewerbung bei den Förderprogrammen finden Sie im Anhang.

Eine Ausnahme bilden hierbei die Postdoc-Förderungen. Aufgrund ihrer großen Anzahl und der besonderen Bedeutung des Auslandsaufenthalts zu dieser Zeit sind sie gesondert in Kapitel 3.3 aufgeführt.

Über die genannten Programme hinaus fördern fachspezifische (z. B. Stiftung Deutsche Geisteswissenschaftliche Institute im Ausland) oder landesspezifische Programme Auslandsaufenthalte. Informieren Sie sich hierüber in Ihrem Fachbereich bzw. an der Universität des Ziellandes!

Überblick der wichtigsten Förderprogramme ins Ausland nach Zielgruppen

Zielgruppe	Vorhaben	Programm	Leistungen
Studenten	Studienaufenthalte, Auslandspraktika, Fortbildungen	Erasmus	Betreuung, Befreiung von Studiengebühren, Anerkennung der Scheine, Mobilitätszuschuss monatlich max. 200 Euro
Studenten	Praktika, Auslandsstudium, Masterarbeiten, Sommersprachkurse	DAAD (z. B. Carlo-Schmid-Programm u. v. a.)	Je nach Programm verschieden
Studenten	Studentenaustausch, Fremdsprachenassistenzen (USA)	Fulbright-Komission	Studienplatzvermittlung, Finanzierung der Studiengebühren und Lebenshaltungskosten, Voll- und Teilstipendien zwischen 21.500 und 30.400 US-Dollar jährlich
Graduierte	Sprachassistenz, Jahresstipendien, Kurzstipendien, Forschungsstipendien, Sommersprachkurse	DAAD (verschiedene Programme)	Je nach Programm verschieden

Zielgruppe	Vorhaben	Programm	Leistungen
Graduierte	Jahresstipendien, Fortbildungsseminare, Fremdsprachenassistenzen	Fulbright-Komission	Je nach Programm
Doktoranden	Internationale Graduiertenkollegs u. a.	Deutsche Forschungsgemeinschaft (DFG)	6-monatiger Auslandsaufenthalt, Sachbeihilfen
Dozenten	Gastaufenthalte, Forschungsaufenthalte, Lehrgänge, Ferienkurse	Deutsche Forschungsgemeinschaft (DFG), z. B EURYI-Awards	Sachbeihilfen
Dozenten	Gastdozenturen	Erasmus	Mobilitätszuschuss 800 Euro pro Woche
Dozenten	Forschungsstipendien und -preise	Alexander von Humboldt Stiftung	Finanzierung, Reisekostenpauschale, verschiedene Veranstaltungen

Neben diesen Programmen, die jeweils die meisten Personen einer Zielgruppe fördern, gibt es zahlreiche weitere Organisationen, die Förderungen anbieten. Die Recherche nach kleineren Förderern insbesondere in Ihrer Region lohnt sich, denn die Erfolgsstatistik pro Bewerber fällt dort oft günstiger aus.

> **❶ Tipp:**
> Eine ausführliche Stipendiendatenbank für jede Zielgruppe bietet die Webseite des DAAD. Ein Besuch ist empfehlenswert: https://www.daad.de/ausland/studieren/stipendium/de/70-stipendien-finden-und-bewerben

Jeder Kilometer ein Push für die Karriere?

Auslandsaufenthalte sind förderlich, jedoch keine Karrieregarantie. Dafür braucht es mehr als einen hohen Kilometerstand auf dem Tacho. Damit Ihr Auslandsaufenthalt neben der persönlichen Bereicherung auch tatsächlich karriereförderlich angelegt ist, sollten Sie die folgenden Ratschläge beachten:

> **❶ Tipp:**
> Netzwerken in Nordamerika leicht gemacht: Mit dem „German Academic International Network" (GAIN) halten Sie die Kontakte und finden neue Kooperationsmöglichkeiten: www.gain-network.org

1. Machen Sie Ihre Arbeit gut. So banal das klingt, es ist die Grundlage, nach der Sie bewertet werden.

2. Passen Sie sich an. Integrieren Sie sich in die Netzwerke vor Ort und achten Sie darauf, nicht auf Dauer der Forscher aus Deutschland zu sein. Verwischen Sie die Grenzen; erst dann sind Sie wirklich angekommen.

3. Sprechen Sie darüber, dass Sie Ihre Arbeit gut machen. Das ist nicht so einfach, wie es klingt, doch schaffen Sie nicht im stillen Kämmerlein. Gerade am Anfang Ihrer neuen Tätigkeit werden Sie Aufmerksamkeit bekommen, die Sie zum gezielten, aber bitte nicht aufdringlichen, Selbstmarketing nutzen können.

4. Schreiben Sie darüber, dass Sie Ihre Arbeit gut machen. Gemeint ist: Halten Sie die Kontakte nach Deutschland, obwohl Sie Ihren Lebensmittelpunkt im Ausland haben. Leiten Sie Ihre Veröffentlichungen weiter und achten Sie darauf, „daheim" nicht in Vergessenheit zu geraten.

5. Fahren Sie zweigleisig. Bleiben Sie auch während Ihrer Auslandstätigkeit über die Stellenentwicklung in Deutschland informiert. Mit der Konzentration auf zwei Märkte verdoppeln Sie Ihre Chancen.
6. Treffen Sie die richtige Entscheidung! Wenn sich Ihnen durch Ihren Forschungsaufenthalt die Möglichkeit einer Stelle eröffnet, stellt sich die Frage: Soll ich bleiben oder gehen? Damit Sie hierauf richtig antworten können, zählt die gute Informationslage. Lesen Sie im nächsten Kapitel über die speziellen Chancen, die sich für Rückkehrer nach Deutschland auftun.

9.3 Rückkehrmöglichkeiten

Vom „Brain Drain", dem Abfluss der Gehirne, sprechen Medien und Hochschulpolitik. Dramatisch klingt der Begriff und ein bisschen nach einer Mischung aus Science-Fiction und Horror-Film. Was sich dahinter verbirgt, ist das Phänomen, dass erfolgreiche deutsche Wissenschaftler oft dauerhaft ins Ausland abwandern, um dort ihre Karrieren fortzusetzen.

Positiv daran ist der internationale Forschungsgewinn, der durch den verstärkten Austausch zwischen den Ländern möglich ist. Die Förderung des Austauschs zwischen Wissenschaftlern ist schließlich das Ziel der vielen Fördermöglichkeiten, die den zeitlich befristeten Auslandsaufenthalt erleichtern. Wenn der gewöhnliche Austausch von Arbeitskräften verschiedener Länder durch Zu- und Abwanderung, also „Brain Gain" und „Brain Drain", dauerhaft und stark aus dem Gleichgewicht gerät, kann sich daraus allerdings eine national gesehen weniger wünschenswerte Entwicklung oder sogar ein ernsthaftes Problem von Fachkräftemangel ergeben. Wissenschaftler, in deren Ausbildung in Deutschland investiert wurde, bringen später den Nutzen im Ausland, kann es polarisiert auf den Nenner gebracht werden.

Doch inwieweit trifft der dramatische Begriff „Brain Drain" überhaupt auf den tatsächlichen Abwanderungsvorgang zu? Welche Schlussfolgerungen sind daraus zu ziehen? Und welche Chancen bieten sich Wissenschaftlern, die aus dem Ausland zurückkommen wollen?

Diesen Fragen ging die Expertenkommission Forschung und Innovation (EFI) nach. Das Gutachten mit den Ergebnissen wurde am 26.02.2014 an die Bundesregierung übergeben.

Darin heißt es z. B.: „Insgesamt hat Deutschland im internationalen Vergleich eine eher mäßige Bilanz von Zu- und Abwanderung bei Wissenschaftlern und Erfindern vorzuweisen. Zu wenige der besten Wissenschaftler können gehalten oder zurückgeholt werden. Insbesondere für diese Spitzenwissenschaftler ist das deutsche Forschungssystem derzeit nicht attraktiv genug. Patentaktive Erfinder aus Deutschland weisen eine im internationalen Vergleich mäßige Abwanderung auf. Gleichzeitig liegt Deutschland bei der Zuwanderung allenfalls im Mittelfeld."[8]

Abwanderung aus beruflichen und Zuwanderung aus privaten Gründen

Interessant sind die Gründe, die Wissenschaftler für einen Verbleib im Ausland bzw. für eine Zuwanderung nach Deutschland äußern. Die wohl umfassendste Studie hierzu liefert die Gesellschaft für Empirische Studien im Auftrag des Deutschen Stifterverbands. Obwohl die Studie aus dem Jahr 2002 ist, äußern sich Wissenschaftler in Artikeln noch immer konform dazu, sodass eine Gültigkeit bis heute wahrscheinlich ist. Das wichtigste Motiv für einen längerfristigen beruflichen Verbleib im Ausland bilde demnach für deutsche Wissenschaftler die „Möglichkeit an einer renommierten wissenschaftlichen Einrichtung arbeiten zu können"[9]. Ganze 80 Prozent der befragten deutschen Forscher im Ausland hielten dieses Motiv für wichtig bis sehr wichtig für ihren langfristigen Auslandsaufenthalt. Nach der „Möglichkeit der vertieften Beschäftigung mit einem spezifischen Forschungsthema"[10], die für 70 Prozent ausschlaggebend war, nennen mehr als die Hälfte der Forscher „bessere Karrieremöglichkeiten als in Deutschland und mangelnde berufliche Perspektiven"[11].

---

8 http://www.e-fi.de/fileadmin/Gutachten_2014/EFI_Gutachten_2014.pdf; S. 16; zugegriffen am 29.07.2014.
9 Gesellschaft für Empirische Studien bR (GES): Brain Drain – Brain Gain. Eine Untersuchung über internationale Berufskarrieren. Stifterverband für die Deutsche Wissenschaft, Juni 2002. Seite 3.
10 Ebenda.
11 Ebenda.

Vor allem Wissenschaftler, die es in die USA gezogen hat, sprechen von besseren Karrierebedingungen.

Auch ausländische Wissenschaftler, die es nach Deutschland gezogen hat, nennen die Möglichkeit, an einer renommierten wissenschaftlichen Einrichtung zu arbeiten, und die vertiefte Beschäftigung mit einem spezifischen Forschungsthema als wichtigste Motive. Auffällig ist, dass allerdings hier nur 44 Prozent bessere Karrierebedingungen vorfinden, wobei Forscher, die sich hier zustimmend aussprechen, vorwiegend aus Mittel- und Osteuropa kommen. Nur 19 Prozent der Amerikaner finden in Deutschland bessere Karrieremöglichkeiten vor. So nennen Forscher aus den USA bezeichnenderweise als erstes Motiv mit ganzen 71 Prozent private Gründe für den Wechsel nach Deutschland.

Eine Schlussfolgerung, die aus diesen Unterschieden gezogen werden kann, ist, dass Karrierebedingungen in Deutschland im internationalen Vergleich als weit weniger gut befunden werden als in den USA. Ursachen für ein Ungleichgewicht aus Zu- und Abwanderung von hochqualifizierten Forschern können also mit großer Wahrscheinlichkeit in den im Vergleich zu den Abwanderungsländern schlechteren Karrierebedingungen gefunden werden. Genau hier müsste angesetzt werden, um den Wissenschaftsstandort Deutschland national und international bei den Hochqualifizierten attraktiver zu machen.

Bleiben oder gehen?

Die Ansätze, die in den letzten Jahren verstärkt unternommen wurden, um deutsche Wissenschaftler, die längerfristig im Ausland tätig waren, zurückzugewinnen, setzen teilweise tatsächlich an dieser Stelle an und versuchen, die Karrierebedingungen in Deutschland für Rückkehrer transparenter und attraktiver zu gestalten. Einige der Organisationen und Programme, die hierzu ins Leben gerufen wurden, sollen im Folgenden vorgestellt werden.

Ein Beispiel einer Organisation zur Rückgewinnung deutscher Wissenschaftler im Ausland bildet die **German Scholars Organization (GSO)**, die sich auf den Raum USA und Kanada beschränkt. Im Zentrum ihrer Zielsetzung steht der Begriff „Brain Circulation". Auch hier wird betont, wie wichtig Auslandserfahrungen für die Wissenschaftskarriere sind, doch soll den Forschern verstärkt die Möglichkeit der Rückkehr nach einer Zeit im Ausland erleichtert werden. Den derzeit 4.000 registrierten Usern stehen unter anderem eine Jobbörse mit integriertem Talent-Pool, regelmäßige Newsletter und Wissenschaftlertreffen, Informationen sowie ein Förderprogramm in Zusammenarbeit mit der **Krupp-Stiftung** zur Verfügung. Letzteres fördert die Berufung von deutschen Professoren, die sich derzeit an Hochschulen im Ausland befinden, mit finanziellen Zuschüssen von bis zu 100.000 Euro pro Professor für einen Zeitraum von maximal fünf Jahren.

❶ Tipp:
> Die German Scholars Organization (GSO) finden Sie im Internet auf www.gsonet.org.

An alle Nachwuchswissenschaftler im Ausland wendet sich dagegen beispielsweise das Rückgewinnungsprogramm des **DAAD**, das mit Fahrtkostenzuschüssen zu Bewerbungsgesprächen, Fachvorträgen in Deutschland und Rückkehrstipendien aufwartet.

Neben den großen Förderorganisationen engagieren sich übrigens auch einige Landesregierungen aktiv für die Rückkehr hervorragender deutscher Wissenschaftler aus dem Ausland. So hat beispielsweise die **nordrhein-westfälische Landesregierung** das „Programm zur Förderung der Rückkehr junger Top-Wissenschaftler" ins Leben gerufen. Es ermöglicht Forschern im Ausland den Aufbau einer Nachwuchsgruppe an einer Uni in Nordrhein-Westfalen. Für jede Gruppe sollen über fünf Jahre insgesamt 1,25 Millionen Euro aufgebracht werden.

❶ Tipp:
> Nähere Informationen zum Rückkehrförderungsprogramm des Bundeslands NRW finden Sie im Internet auf www.rueckkehrerprogramm.nrw.de.

Ob die verschiedenen Organisationen und Programme ausreichen, um den Brain Drain in eine echte Brain Circulation zu verwandeln, werden erst die kommenden Jahre zeigen. Über die Anstrengungen zur Zurückgewinnung der Renommiertesten sollte allerdings auf keinen Fall vergessen werden, den Nachwuchswissenschaftlern im In- und Ausland in Deutschland genügend Chancen zum Aufbau einer Karriere zu geben, um sie bereits vor dem großen Erfolg fest integrieren zu können. Nur so kann das Problem eines aufkommenden Fachkräftemangels auch nachhaltig angepackt werden. Eine echte „Brain Circulation" wird selbstverständlich erst dadurch ermöglicht, dass an den verschiedenen Unis auch über die Nationalgrenzen hinweg vergleichbare Karrierechancen vorzufinden sind.

10. Hochschulen in Deutschland

10.1 Organisation und Aufbau

Die vorangegangenen Kapitel haben Sie durch die wissenschaftlichen Stellen an Universitäten und Fachhochschulen begleitet. Vielleicht habe ich es geschafft, dass Sie sich beim Lesen zunehmend entspannt gesagt haben: „Da gibt es ja doch eine ganze Menge Stellen!" Vielleicht raucht Ihnen aber auch der Kopf und Sie fragen sich: „Wie soll denn da einer den Durchblick behalten?"

Dabei wurden noch nicht einmal alle Stellen an Uni und FH in diesem Buch behandelt: Denn natürlich gibt es auch außerhalb des wissenschaftlichen Bereichs Arbeit an der Hochschule. Solche Stellen sind beispielsweise Verwaltungstätigkeiten und fallen auf allen Ebenen an: Hausmeister, Sekretärinnen der Institute, Stellen innerhalb der universitären Einrichtungen vom Fitnesstrainer im Hochschulsport zur Chinesischlehrerin im Sprachlehrzentrum oder professionellen Wissenschaftsmanager, der tendenziell in der Hochschulverwaltung zunimmt. Letzterer ist übrigens aktuell ein sehr gefragter Beruf.

> ⊕ **Info:**
> Den berufsbegleitenden Studiengang Wissenschaftsmanagement können Sie an der FH Osnabrück studieren. Darüber hinaus erhalten Sie Informationen zum Thema beim Zentrum für Wissenschaftsmanagement Speyer. Die Webseite finden Sie auf www.zwm-speyer.de.

Die Stellen in Wissenschaft und Verwaltung sollen im Folgenden kurz in den Aufbau der Hochschule integriert werden, um Ihnen einen vollständigen Überblick über Ihren Wunscharbeitsplatz und dessen Umgebung zu geben. Wenn Sie sich dort bereits ganz zu Hause fühlen, können Sie dieses Kapitel getrost überspringen.

Aus dem Studium kennen Sie die Seminare, Institute und Fakultäten. Jedes **Seminar** bzw. **Institut** gehört gemeinsam mit weiteren Seminaren bzw. Instituten einer **Fakultät** an, beispielsweise das Institut für Politische Wissenschaft und das Institut für Soziologie der Fakultät für Wirtschafts- und Sozialwissenschaften.

Die Studenten, die in der **Fachschaft** eines bestimmten Instituts aktiv sind, kommen im Fachschafts- und eventuell Fakultätsrat zusammen. Das wissenschaftliche Personal arbeitet innerhalb eines bestimmten Instituts, steht allerdings über Gremien wie beispielsweise den **Fakultätsrat** in Verbindung mit der Fakultät und bildet einen ihrer Teile. Jedem Institut sind ein oder mehrere **Lehrstühle** angegliedert, einfach ausgedrückt W3-Professorenstellen mit ihren Mitarbeitern, die schwerpunktmäßig in einem bestimmten Fachgebiet lehren und forschen. Geleitet wird jede Fakultät durch einen Dekan (lesen Sie hierzu auch Kapitel 7.3).

Der Dekan steht in Verbindung mit dem **Rektorat** oder Präsidium und berät dort über die Haushaltsplanung, Personal, Verwaltung und Organisation. Das Präsidium oder Rektorat besteht dabei aus dem Präsidenten oder Rektor, der für die Repräsentation der Hochschule verantwortlich ist (lesen Sie hierzu auch Kapitel 7.3) sowie aus den Vizepräsidenten bzw. -rektoren und dem Kanzler.

Gewählt wurde der Präsident oder Rektor durch den **Senat.** Der Senat ist das zentrale Organ der Hochschule und besteht aus Vertretern der Professorengruppe, des restlichen wissenschaftlichen Hochschulpersonals, des Verwaltungspersonals und der Studierenden. Den Vorsitz hat der Präsident.

Der Senat berät über alle Angelegenheiten, die die gesamte Hochschule anbelangen, und überwacht die Arbeit des Präsidiums. So führt der Senat neue Studiengänge ein oder setzt alte Studiengänge ab, beschließt über die Allgemeinen Bestimmungen der Prüfungsordnungen und nimmt zu Zielvereinbarungen und Budgetplan Stellung.

Insbesondere Fachhochschulen verfügen außerdem oft über ein **Kuratorium,** dessen Aufgabe es ist, die Zusammenarbeit mit der freien Wirtschaft zu fördern. Es wird vom Senat zu bestimmten Angelegenheit angehört und besteht vorwiegend aus Vertretern des öffentlichen Lebens und der Industrie.

Doch mit diesen Organen ist eine Hochschule noch längst nicht vollständig bestückt. So verfügt jede Hochschule über zahlreiche Einrichtungen, die das Studium ermöglichen, erweitern oder zur Freizeitgestaltung beitragen. Hier wird jeder Lebensbereich angesprochen. Neben den **Seminar- und Institutsbibliotheken** und der **Hochschulbibliothek** sind hier beispielsweise das **Hochschulrechenzentrum, Sprachlehrzentrum, Hochschulsport,** aber auch die **Studienberatung** und das **Akademische Auslandsamt** angesiedelt.

❶ Tipp:

Viele Studierenden kennen nur einen Bruchteil der Einrichtungen ihrer Hochschule und verpassen damit interessante Angebote. Sehen Sie sich auf der Webseite Ihrer Hochschule gezielt nach dem um, was Ihnen Spaß machen könnte, und probieren Sie häufiger etwas Neues aus! Wo sonst werden Sie so vielfältig gefördert! Viel Vergnügen!

10.2 Politische Entscheidungsträger und Einflüsse

„Philosophie lässt sich nicht auswendig lernen", wehte vor einigen Jahren ein Banner am Philosophischen Seminar der Uni Heidelberg. Durch die Einführung der Bachelor-/Masterstudiengänge sollten auch die Geisteswissenschaften in feste Stundenpläne gepresst ihre Kerncurricula lernen, die abschließend mit Klausuren abgeprüft werden. Doch wie lassen sich das Sein des Daseins, Gottesbeweise oder -widerlegungen oder hochkomplexe ethische Fragestellungen in einer Doppelstunde abfragen? Geht reines Auswendiglernen nicht am Sinn des Studierens vorbei?

Das Banner ist nur ein Beispiel dafür, dass Hochschulen und Politik oft aneinander geraten. Was theoretisch ersonnen wird, um die Hochschulen wettbewerbsfähiger, dabei gleichzeitig billiger und die Studenten schneller und effektiver zu machen, kann in der Praxis leicht schon mal ins Gegenteil umschlagen. Haben Sie sich schon einmal gefragt, wo diese Änderungen und Reformvorschläge eigentlich herkommen? Warum fragt man nicht Sie, der Sie tagein, tagaus in der Hochschule sind? Und welche Möglichkeiten haben Sie eigentlich, als Student selbst mitzumischen?

Politische Institutionen

Durch den Föderalismus gibt es in Deutschland eine ganze Reihe verschiedener Institutionen, die in der Politik für Forschung und Lehre an Hochschulen zuständig sind. Auf Bundesebene gehen wichtige Entscheidungen vom **Bundesministerium für Bildung und Forschung** aus. Dabei muss darauf geachtet werden, nicht in die Kompetenzen der Bundesländer einzugreifen, wie dies beispielsweise bei der Juniorprofessur der Fall war (lesen Sie hierzu auch Kapitel 6.1).

Auf Länderebene verfügt jedes Bundesland über ein **Ministerium, das für Wissenschaft und Forschung** zuständig ist und darauf achtet, dass „seine" Hochschulen in den Rankings gut abschneiden. Zwischen den Ländern besteht dabei auch seit Einführung der Studiengebühren verstärkt Konkurrenz um das beste Bildungsangebot.

Einen Zusammenschluss, der hingegen Abstimmungen und Angleichungen innerhalb der Länder zum Ziel hat, bildet die Ständige Konferenz der Kultusminister der Länder in der Bundesrepublik Deutschland (KMK), auch **Kultusministerkonferenz** genannt. Der Aufgabenbereich umfasst alle hochschulpolitischen Fragestellungen, die in den Kompetenzbereich der Länder fallen.

Gemeinsame Länder- und Bundesangelegenheiten bespricht dagegen die **Gemeinsame Wissenschaftskonferenz (GWK)**, in der Vertreter von Bund und Ländern bezüglich der Hochschulpolitik zusammenarbeiten.

Einfluss der Hochschulen auf die Politik

Natürlich mischen die Hochschulen bei der Entscheidungsfindung soweit wie möglich mit. Über verschiedene Institutionen üben sie Einfluss aus. Das wichtigste Gremium, in dem Vertreter aus Wissenschaft und Politik zusammenkommen, bildet der **Wissenschaftsrat**, der Bund und Ländern in hochschulpolitischen Fragestellungen beratend zur Seite steht. Er besteht aus zwei Kommissionen, von denen eine mit Vertretern der Wissenschaft und eine mit Vertretern von Bund und Ländern besetzt ist. Finanziert wird er von Bund und Ländern. Gemeinsam mit der **Deutschen Forschungsgesellschaft (DFG)** führt er auch die Exzellenzinitiative durch.

An den Entscheidungen wirken also neben den politischen Parteien und ihren Abgeordneten zu einem gewissen Grad auch Verbände, Gewerkschaften, Vereine und Stiftungen mit. Die DFG ist eine Selbstverwaltungseinrichtung der Wissenschaft, die sich der Förderung der Forschung angenommen hat und Parlamente und Behörden berät. Ihre Mitglieder sind die Hochschulen, größere Forschungseinrichtungen, die Akademien der Wissenschaften und einige Verbände. Sie finanziert sich aus Mitteln von Bund und Ländern und ist als Verein organisiert.

Der wichtigste Verband für die Hochschulpolitik ist der **Deutsche Hochschulverband (DHV)**, der die Berufsvertretung der Wissenschaftler in Deutschland darstellt.

Die **Deutsche Hochschulrektorenkonferenz (HRK)** ist eine starke Stimme der Hochschulen gegenüber Politik und Öffentlichkeit. Ziel ist es, gemeinsame Meinungen zu bilden und damit beratend Einfluss auf die Politik auszuüben. In den Mitgliedshochschulen sind über 96 Prozent der Studenten in Deutschland immatrikuliert.

Zudem gibt es eine Menge weiterer Verbände, die sich für Teilgruppen innerhalb der Hochschule engagieren, beispielsweise den **Deutschen Hochschullehrerinnenbund (DHB)**, der sich für die Gleichstellung von Frauen und Männern im Hochschulbereich einsetzt.

Maßnahmen in der Hochschulpolitik sind also vielen Einflüssen unterworfen und kommen durch Anregungen aus zahlreichen Institutionen zustande, bis sie schließlich zu politischen Entscheidungen werden. Und das Beste: Sie selbst können bereits als Student mitmischen!

Üben Sie selbst Einfluss aus!

In der **Fachschaft** bzw. dem Fachschaftsrat Ihrer Fakultät befassen sich Ihre Kommilitonen mit allen Fragen, die Ihr Studium betreffen. Wenn Ihnen die Diskussionen bei den Sitzungen noch nicht genügen, können Sie sich in die Fakultätsgremien wählen lassen. Im **Fakultätsrat** oder Fachbereichsrat wirken Sie dann auch bei den Berufungsverfahren mit (lesen Sie hierzu auch Kapitel 7.1) und haben somit Einfluss auf die Einstellung Ihrer neuen Professoren. Auch in den **Senat** können sich Studenten wählen lassen.

In der **Studienkommission** erarbeiten Sie gemeinsam mit Kommilitonen und Professoren Empfehlungen zur Weiterentwicklung und Verbesserung des Studiums. Bisher arbeiten allerdings viele Studienkommissionen lediglich auf Ladung des Studiendekans.

Die Fachschaften einer Fakultät sind übrigens auch untereinander vernetzt. In der **Fachschaftenkonferenz** kommen die Fachschaften bzw. Fachschaftsräte verschiedener Fakultäten Ihrer Hochschule zusammen und beratschlagen Themen, die über das einzelne Fakultätsinteresse hinausgehen. Auf der **Bundesfachschaftentagung** kommen schließlich bundesweit die Fachschaftsräte der Hochschulen zusammen, um weitgehend Einfluss auf die Hochschulpolitik auszuüben.

An vielen Unis und FHs gibt es außerdem ein **Studentenparlament**. Dieses wird von allen Studierenden in der Regel für die Dauer eines Jahres gewählt und ist das höchste Vertretungsorgan der Studierenden. Es legt einen Haushaltsplan für die Studierenden fest und beschließt, welche studentischen Eigeninitiativen gefördert werden. Außerdem wählt das Studentenparlament den **Allgemeinen Studentenausschuss (AStA)**.

Auf Gesamthochschulebene spielt der AStA eine wichtige Rolle in der Wahrnehmung von studentischen Interessen. Besetzt wird er ausschließlich von Studenten, die verschiedene Referate und einen Vorstand bilden. Neben der Wahrnehmung der studentischen Interessen in der Hochschulpolitik organisiert der AStA oft auch Partys, stellt ein Portal für Wohnungsangebote bereit und den Internationalen Studentenausweis aus oder hilft beim Verkauf von Vorlesungsverzeichnissen. Jeder immatrikulierte Student kann im AStA aktiv werden. Probieren Sie es aus!

> **❶ Tipp:**
> Den besten Überblick erhalten Sie, indem Sie einfach unverbindlich an einem Fachschaftstreffen teilnehmen. Lassen Sie sich bei Missfallen jedoch nicht abschrecken und versuchen Sie es auch bei Ihrem Zweitfach. Das Engagement kann nicht nur zum Ausbau Ihrer Kontakte hilfreich sein!

❓ Test: Wie wichtig ist hochschulpolitisches Engagement für mich?

Kreuzen Sie die Antwort an, die am ehesten auf Sie zutrifft.

1. Zu später Stunde finden Sie sich auf einer Party wieder, auf der Sie keinen Menschen kennen. Was tun Sie?

○ a. Mit dem Spruch „Keine Ahnung, wie ich hier hergekommen bin, aber wo ich schon mal da bin ..." stelle ich mich jedem Gast vor, bis ich im Morgengrauen als einer der Letzten nach Hause gehe.

○ b. Ich scanne die Gäste nach Leuten ab, die nett aussehen. Dort versuche ich ins Gespräch zu kommen.

○ c. Im ersten Augenblick stelle ich mich tot und überlege, wie ich wohl hierher gekommen bin. Dann suche ich nach dem Ausgang und fliehe, bevor ich bemerkt werde.

2. Macht ist ...

○ a. ... eine andere Form der Freiheit.

○ b. ... manchmal gut, um die Dinge beeinflussen zu können.

○ c. ... wenn man etwas „macht".

3. Haben Sie ein Ehrenamt inne?

○ a. Ja natürlich.

○ b. Nein, aber ich wollte schon immer mal was Gutes tun.

○ c. Nein und habe auch keine Zeit für sowas.

4. Gehen Sie wählen?

○ a. Ja, immer

○ b. meistens bis manchmal

○ c. kaum bis nie

5. In Anti-Kriegsfilmen faszinieren Sie am meisten ...

○ a. ... die Widerstandskämpfer, die manchmal sogar ihr Leben aufs Spiel setzen, um das System zu verändern.

○ b. ... die Mitläufer, weil ich mich frage, inwieweit es möglich ist, eine ganze Gesellschaft derart zu blenden.

○ c. ... die Diktatoren, weil ich gern wüsste, was in so einem Menschen vor sich geht.

Zählen Sie nach, wie oft Sie die jeweiligen Buchstaben angekreuzt haben. Geben Sie sich dabei für jedes A drei Punkte, für jedes B zwei Punkte und für jedes C einen Punkt. Die Punkte stellen keine Wertung dar. Lesen Sie dann in der Auflösung nach.

12–15 Punkte

Eigeninitiative ist für Sie ein Muss. Der Grund: Sie lassen sich nicht gerne von anderen oktroyieren, wie etwas gemacht werden soll. Außerdem macht es Ihnen auch einfach Spaß, selbst Verantwortung zu übernehmen, Einfluss auszuüben und dabei neue Leute kennenzulernen. Ganz nebenbei pusht Ihr Engagement auch noch Ihre Karriere, denn Ihr Gesicht kennt man an der Hochschule.

9–11 Punkte

Sie wollen etwas tun, doch dabei haben Sie Ihre ganz eigenen Vorstellungen. In Ihrem selektierten Bereich bewirken Sie etwas, Sie kennen dort die Insider und pflegen die Kontakte. Es geht Ihnen nicht um die Bühnenfunktion Ihres Engagements, sondern allein darum, in Ihrem Bereich aktiv zu sein. Dazu müssen Sie nicht auf jeder Party tanzen und machen dennoch einen positiven Unterschied.

5–8 Punkte

Bisher haben Sie sich kaum dafür interessiert, was sich an der Hochschule über Ihren vollen Stundenplan hinaus noch tut. Darin sehen Sie gar keinen Nutzen. Natürlich profitieren Sie dennoch davon, dass sich andere Studenten engagieren. Und manchmal bewundern Sie diese vielleicht auch heimlich dafür. Überlegen

Sie sich, ob Sie nicht auch etwas auf die Beine stellen und dabei noch eine Menge neuer Leute kennenlernen wollen!

10.3 Hochschulkarriere als Frau

Haben Sie schon einmal die Stellenanzeigen in der „ZEIT" gelesen? Dann ist Ihnen dieser Satz sicher vertraut: „Die Hochschule strebt eine Erhöhung des Anteils von Frauen in Forschung und Lehre an und bittet deshalb Wissenschaftlerinnen nachdrücklich um ihre Bewerbung." Obwohl Frauen per Extraeinladung um ihre Bewerbungen gebeten werden, ist der Frauenanteil in wissenschaftlichen Berufen an der Hochschule derzeit noch immer gering. Während der Frauenanteil bei den Promotionen mit 50,7 Prozent sehr ausgewogen ist, liegt er bei den Habilitationen nur noch bei 27 Prozent. Der Frauenanteil unter den Professoren stieg in den letzten Jahren rasant, liegt aber bisher lediglich bei 19,8 Prozent.[1]

Bei diesen Zahlen müssen allerdings gewaltige Unterschiede zwischen den einzelnen Fachbereichen berücksichtigt werden. Während die Geisteswissenschaften oft auf Professorinnenquoten von weit über 20 Prozent kommen, fallen die Zahlen beispielsweise in den Ingenieurwissenschaften wesentlich geringer aus. Die Tendenz ist dennoch überall die Gleiche: Je höher man auf der Karriereleiter steigt, desto weniger Frauen trifft man an.

Woran liegt es, dass so wenige Frauen hohe Positionen in der Wissenschaft einnehmen? Zunächst muss angemerkt werden, dass sich dieses Phänomen nicht auf die Hochschulen beschränkt, sondern es auch in anderen Bereichen allgemein weniger Frauen in Führungspositionen gibt. Außerdem muss berücksichtigt werden, dass der Weg in die hohen Positionen an der Hochschule ein besonders langer ist und sich viele der heutigen Professorinnen noch zu Zeiten emporarbeiten mussten, als Frauen in Führungspositionen generell noch eine seltene Ausnahmeerscheinung waren. Wenn die Generation der heutigen Studentinnen den Karriereweg Hochschule einschlägt, wird zum Zeitpunkt, zu dem diese zur Übernahme einer Professorenstelle qualifiziert ist, sicher bereits ein ganz anderes Frauenverhältnis vorherrschend sein.

---

1   Quelle: www.bmbf.de/de/494.php; aktuellste veröffentlichte Zahlen von 2012, zugegriffen am 29.07.2014.

Folgen wir noch einmal detailliert dem Bildungsweg der Frauen an der Hochschule, um zu sehen, an welcher Stelle die Probleme liegen, die Frauen aktuell in ihren Karrieren behindern.

Der Karriereweg der Wissenschaftlerinnen

Betrachtet man aktuell die Abiturienten, so sind mehr als die Hälfte weiblich. Die Mädchen haben außerdem durchschnittlich die besseren Abiturnoten.[2] Zu Studienbeginn sind die Anteile von Männern und Frauen so gut wie ausgeglichen.[3] Ein zweiter Blick auf die Studienanfänger zeigt allerdings bereits ein ungleiches Bild. Während in den Sprach- und Kulturwissenschaften 71,1 Prozent Frauen in den Hörsälen sitzen, sind es in den Ingenieurwissenschaften nur 20,9 Prozent.

Wenn man allein diesen Zahlen folgt, müsste es theoretisch eine große Mehrheit an Frauen in den Führungspositionen der Sprach- und Kulturwissenschaften geben. In den Ingenieurwissenschaften ist der geringe Frauenanteil in hohen Positionen dagegen bereits an dieser frühen Stelle festgelegt. Ein erster Grund für die besonders schlechten Frauenquoten in einigen Fächern liegt also bereits in der genderspezifischen Studienwahl der Studienanfänger.

Doch dieser Grund kann nicht belegen, weshalb es auch in den Geisteswissenschaften weniger Frauen in hohen Positionen gibt als Männer. Begleiten wir die Studentinnen daher noch ein Stück weiter.

Zum Studienende befinden sich unter den Graduierenden insgesamt 51,2 Prozent Frauen. Auch hier ist das Verhältnis also, abgesehen vom fachspezifischen Ungleichgewicht, ausgewogen. Beim fachspezifischen Ungleichgewicht ist es übrigens interessant, dass es unter den Frauen, die in unserem Beispiel Ingenieurwissenschaften studiert haben, weniger Abbrecher gibt als unter den Männern. Die Quote kann sich dadurch gegenüber der Studienanfängerinnenquote mit 22,7 Prozent Frauenanteil bei Abschluss eines ingenieurwissenschaftlichen Studiums geringfügig ver-

---

2 BMBF (Hrsg.): Exzellenz und Chancengerechtigkeit: Das Professorinnenprogramm des Bundes und der Länder. http://www.bmbf.de/pub/tagunsdokumentation_professorinnenprogramm.pdf, zugegriffen am 29.07.2014.
3 Ebenda.

bessern. Zu Studienzeiten lässt sich also statistisch – abgesehen von der nicht ausgeglichenen Fächerwahl – kein Nachteil für Frauen erkennen.

Der nächste Schritt in Richtung einer Hochschulkarriere ist die Promotion. Den aktuellsten Statistiken nach sind 44 Prozent (bzw. laut BMBF-Webseite sogar 50,5 Prozent) der Promovierenden weiblich. Es versteht sich von selbst, dass es in den Fächern, die seltener von Frauen studiert werden, auch deutlich weniger Promotionen von Frauen gibt. In den letzten Jahren ist der Frauenanteil bei den Promotionen deutlich gestiegen, sodass man hier – unabhängig davon, welche der beiden Statistiken man heranzieht – in den kommenden Jahren mindestens von einem völligen Angleichung ausgehen kann.

Unter den Habilitierenden sind allerdings auf einmal nur noch 25 Prozent (bzw. 27 Prozent laut BMBF-Webseite) weiblich.[4] Der Grund dafür liegt leider nicht darin, dass Frauen vermehrt die neuen Aufstiegswege ohne Habilitation nutzen. An dieser Stelle muss es also einen anderen Grund geben. Eine Überlegung wäre, ob dieser mit der Familienplanung zusammenhängen könnte. Nach der Promotion sind die meisten Frauen Anfang 30, also in dem Alter, in dem viele Frauen in Deutschland, die Familien gründen, ihre ersten Kinder bekommen. Vielleicht könnte es sein, dass der Wiedereinstieg nach Abschluss der Familienplanung schwerfällt? Je höher man die Karriereleiter von nun an aufsteigt, desto weniger Frauen begegnet man jedenfalls: Unter den Professoren sind derzeit 19 Prozent[5] (bzw. 19,8 Prozent laut BMBF-Webseite) weiblich.

Doch auch hier gab es in den letzten Jahren einen rasanten Anstieg, sodass zumindest davon auszugehen ist, dass die Zahlen in den nächsten Jahren weiter steigen werden. Unter den C4/W3-Professoren sind nur noch knapp 9 Prozent weiblich.[6] Zwar bedeutet das, dass gegenüber der Anzahl der Frauen unter den Habilitierenden, Juniorprofessoren und Nachwuchsgruppenleitern beim nächsten Karriereschritt noch einmal mehr Frauen als Männer verloren gehen, jedoch darf nicht übersehen werden, mit welcher Geschwindigkeit sich dies in den letzten Jahren geändert hat. Noch im Jahr 1995 gab es lediglich acht Prozent weibliche Professoren.

---

4   Ebenda.
5   Ebenda.
6   Ebenda.

Die Anzahl der Frauen hat sich in diesem Bereich also weit mehr als verdoppelt. Es lässt sich hieraus erkennen, dass die Entwicklung zu mehr Frauen in den Führungspositionen der Hochschulen eindeutig stattfindet. Eindeutig fällt es Männern sehr viel leichter, insbesondere in die hohen Positionen an der Hochschule zu gelangen. Hier besteht im Rahmen der Chancengleichheit definitiv Handlungsbedarf.

> **❶ Web-Tipp:**
>
> Das Kompetenzzentrum für Frauen in Wissenschaft und Forschung führt zahlreiche Projekte zur Chancengleichheit von Männern und Frauen an den Hochschulen durch. Informationen finden Sie auf der Webseite: www.cews.org

Ansätze zu mehr Chancengerechtigkeit

Der geringe Frauenanteil in der Wissenschaft ist ein Problem, das seit den 80er Jahren diskutiert und in den letzten Jahren verstärkt wahrgenommen wird, und es gibt eine ganze Reihe von Maßnahmen, um die Karrieren von Frauen besonders zu fördern.

Wir hatten herausgestellt, dass bereits mit der Studienwahl ganz zu Beginn der Karriere ein Ungleichgewicht in Form einer Unterrepräsentation von Frauen in technischen und naturwissenschaftlichen Fachbereichen herrscht. Hier setzt beispielsweise das Hochschulkarrierezentrum Femtec an, indem es unter anderem spezielle Career-Building-Programme, Technik-Workshops und Beratung für Schülerinnen und Studentinnen in den Ingenieur- und Naturwissenschaften anbietet.

Zur besonderen Förderung von Frauen in den sogenannten MINT-Fächern (Mathematik, Informatik, Naturwissenschaften, Technik) hat sich außerdem ein nationaler Pakt von Politik, Wirtschaft, Wissenschaft und Medien gebildet, der spezielle Maßnahmen unterstützt. Gesteuert wird er durch das Kompetenzzentrum Technik-Diversity-Chancengleichheit e.V. mit Förderungen durch das BMBF.

Nach der Promotion hatten wir die zweite große Zäsur gesetzt, zu der Frauen ihre Hochschulkarrieren abbrechen. Damit sich Frauen in der Männerdomäne Wissenschaft besser durchsetzen können, bietet der

DHV in Zusammenarbeit mit dem Kompetenzzentrum „Frauen in Wissenschaft und Forschung" unter dem Motto „Potenziale nutzen" Trainings an, mit denen Frauen ihre Bewerbungschancen insbesondere auf Juniorprofessuren, Professuren und Führungspositionen in Forschungseinrichtungen verbessern können.

Ein weiteres Projekt, das an dieser Stelle ansetzt, ist das Peer-Mentoring-Programm, das Frauen an außeruniversitären Forschungseinrichtungen durch gegenseitige Vernetzung verstärkt in Führungspositionen verhelfen soll.

Derzeit fördert das BMBF außerdem 260 neue Professorinnenstellen, um sicherzustellen, dass die weiblichen Wissenschaftler auch in den Spitzenpositionen ankommen.

Unter den sich durchsetzenden Wissenschaftlerinnen ist tatsächlich ein hoher Anteil kinderlos. Lassen sich also Hochschulkarriere und Kinder nur schwer vereinbaren? Könnte hier ein Grund für die geringe Frauenquote in der Wissenschaft liegen?

An vielen außeruniversitären Forschungseinrichtungen wie beispielsweise der Max-Planck-Gesellschaft (MPG), der Helmholtz-Gemeinschaft Deutscher Forschungszentren (HGF), der DFG und der Fraunhofer Gesellschaft (FhG) werden aus diesem Grund Kinderbetreuungsmöglichkeiten angeboten. An den Hochschulen selbst gibt es allerdings bisher keine Angebote in dieser Richtung.

Ihr Weg zur Hochschulkarriere

Als Frau, die eine Hochschulkarriere plant, sollte Sie dieses Kapitel auf keinen Fall abschrecken. Es gibt (noch) wenige Frauen in der Wissenschaft. Gerade das könnte aber auch ein Anreiz sein. Ich habe versucht, Ihnen einige Beispiele für die vielen Maßnahmen zu nennen, mit denen versucht wird, Frauen an der Hochschule besonders zu fördern. Packen Sie also die Gelegenheit beim Schopf und greifen Sie zu. Vielleicht hilft es Ihnen, sich ein Vorbild zu nehmen.

Sprechen Sie mit einer Frau, die Karriere am Campus gemacht hat! Und im Übrigen: Denken Sie nicht zu problematisierend über den Fakt nach, dass Sie eine Frau sind. Die Wissenschaft selbst wird es nicht interessieren. Es lässt sich am Ende nur ein Ratschlag geben: Nehmen Sie die Bewerbungseinladung aus den Stellenanzeigen, die Sie zu Beginn des Kapitels gelesen haben, an. Setzen Sie einen Schritt vor den anderen und Sie werden sehen: Sie gehen Ihren Weg! Ich wünsche Ihnen dabei alles Gute!

Danke

Für ihre tatkräftige Unterstützung bei der Entstehung dieses Buchs danke ich allen Interviewpartnern für ihre Informationen, ihre Meinungen und ihre Zeit, insbesondere Rebecca Medda und Eric Sangar, die auch bei der hundertsten Mail noch begeisterungsfähig blieben. Außerdem bedanke ich mich ganz herzlich bei Herrn Dr. Hubert Detmer vom DHV, Herrn Professor Dr.-Ing. Kurosch Rezwan von der Deutschen Gesellschaft Juniorprofessur e.V., Frau Dr. Anjana Buckow von der DFG, Frau Berit Dannenberg von der Helmholtz-Gemeinschaft Deutscher Forschungszentren und Herrn Dr. Stefan Fabry von der Max-Planck-Gesellschaft zur Förderung der Wissenschaften e.V.

Mein besonderer Dank gilt weiterhin meinem Agenten Kai Gathemann und meiner Lektorin Irene Buttkus, die dieses Buch erst ermöglicht haben. Zuletzt ein lautes Danke an alle, die mich während der Schreibphase persönlich unterstützt haben, insbesondere Brigitte und Johannes Rompa und meine Freunde, vor allem aber Tonny Karsten.

Anhang A: Grafik: Wege in die Wissenschaft

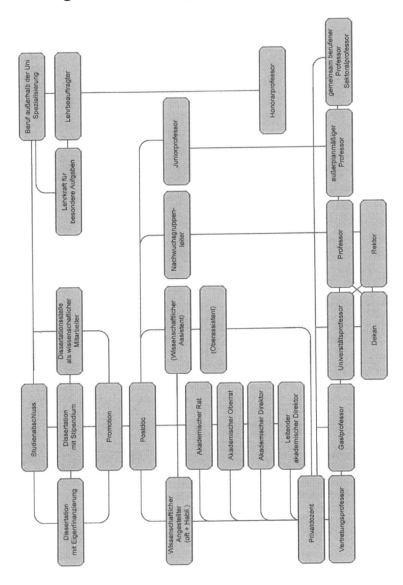

Anhang B: Interviews 2010

Interview mit der wissenschaftlichen Mitarbeiterin Rebecca Medda

Promovierende am Max-Planck-Institut Göttingen

Nach dem Abitur 2001 studierte Rebecca Medda Biologie an der Universität Heidelberg. Sie absolvierte 2006 ihr Diplom und begann am Max-Planck-Institut für biophysikalische Chemie in Göttingen zu promovieren. Ihre Dissertation beschäftigt sich mit der biologischen Anwendung hochauflösender Lichtmikroskopie.

1. Warum sind Sie wissenschaftliche Mitarbeiterin und wie sind Sie es geworden?

Naturwissenschaften, insbesondere die Biowissenschaften, haben mich schon immer interessiert, da sie ein sehr breites Interessenspektrum abdecken. So versuchen sie beispielsweise ganz alltägliche Fragen zu beantworten wie ‚Warum ist der Donner eigentlich laut, wenn es blitzt?' oder befassen sich mit speziellen aktuellen Problemen, beispielsweise aus der Medizin. Dadurch kann jeder je nach Interesse seine ganz eigene Nische finden.

Zur Stelle als wissenschaftliche Mitarbeiterin bin ich gekommen, indem ich mich noch während des Studiums ganz informell per E-Mail für ein zweimonatiges Praktikum am Institut beworben habe. Im Anschluss daran habe ich dort meine Diplomarbeit geschrieben und danach auch in derselben Gruppe mit der Promotion begonnen.

2. Welche Aufgaben umfasst Ihre Tätigkeit als wissenschaftliche Mitarbeiterin?

Das Max-Planck-Institut ist eine außeruniversitäre Forschungseinrichtung. Daraus resultiert, dass ich keine Lehrverpflichtungen habe. Ich bin also sozusagen Fulltime-Forscher. Den Kontakt zur Uni verliere ich dennoch nicht, weil ich am Doktorandenprogramm der Uni Heidelberg teilnehme. Das ist Pflicht und gilt für alle Promovierenden an Forschungseinrichtungen, die nicht direkt an Unis angeschlossen sind.

3. Ihre Dissertation ist fast fertig. Was war die größte Herausforderung?

Die größte Herausforderung ist, sich über all die Jahre nicht zu verzetteln und einen roten Faden zu behalten.

4. Was würden Sie Studenten raten, die promovieren möchten?

Es lohnt sich auf jeden Fall! Man sollte etwas Zeit investieren, um sich für ein Thema zu entscheiden, das einem Spaß macht, auch noch nach einem Jahr. Wenn man nach der Promotion merkt, dass Forschung doch nicht das Richtige ist, kann man danach in die Industrie wechseln.

5. Verraten Sie uns Ihren Traumberuf?

Ich würde später gerne in der Altersforschung arbeiten.

Interview mit dem Promotionsstipendiaten Eric Sangar

Promovierender am Europäischen Hochschulinstitut Florenz

Nach dem Grundstudium in Politikwissenschaft, Philosophie und Öffentlichem Recht an der Universität Heidelberg nahm Eric Sangar zunächst für ein Jahr an einem Erasmus-Programm an der Hochschule Sciences Po Paris teil. Dort wurde er anschließend für das Master-Programm aufgenommen, das er nach zwei Jahren mit der Spezialisierung „Internationale Sicherheit" abschloss. Danach begann er am Europäischen Hochschulinstitut Florenz mit der Promotion, die sich mit dem Transfer westlicher Militärnormen im Rahmen von Sicherheitssektorreform-Vorhaben befasst.

1. Herr Sangar, woran arbeiten Sie momentan?

Im vergangenen Monat habe ich die theoretische und methodische Konzeptualisierung meines Forschungsprojektes abgeschlossen, die Voraussetzung für die Zulassung ins zweite Jahr des Promotionsprogrammes ist. Nun beginne ich damit, meine empirischen Fallstudien vorzubereiten, die ich im Laufe des zweiten Promotionsjahres durchführen muss. Konkret bin ich dabei, Literatur über Liberia und Osttimor zu suchen sowie persönliche Kontakte zu knüpfen. Dies dient dazu, Forschungsaufenthalte in diesen Ländern vorzubereiten, bei denen ich Interviews mit Angehörigen der Streitkräfte führen möchte.

2. Sie waren während Ihres Studiums Stipendiat der Friedrich-Ebert-Stiftung und erhalten momentan ein Auslandsstipendium zur Promotion in Florenz. Wie schätzen Sie die Bedeutung der Stipendien für Ihre wissenschaftliche Karriere ein?

Stipendien haben es mir wesentlich erleichtert, Möglichkeiten wahrzunehmen, die sich mir im Laufe des Studiums eröffneten. Zum einen erklärt sich das natürlich durch den finanziellen Aspekt: Studien oder Praktika im Ausland sind ein erhebliches finanzielles Wagnis, gerade wenn man sich das Studium teilweise selbst finanzieren muss. Zum anderen bedeutet eine Förderung aber auch einen nicht zu unterschätzenden ideellen Wert: Gerade das Stipendium der Friedrich-Ebert-Stiftung mit seinem Seminarprogramm und den persönlichen Betreuungsgesprächen hat mich enorm ermutigt, neue Richtungen einzuschlagen.

3. Was war für Sie bisher die größte Herausforderung Ihrer Promotionsphase?

Nach nur einem Jahr Promotion liegen die großen Herausforderungen sicher noch vor mir. Meine schwierigste Erfahrung in diesem Jahr war es jedoch, ein Forschungsprojekt zu entwickeln, das gleichzeitig realisierbar und in die aktuelle wissenschaftliche Debatte eingebettet ist. Für diese Notwendigkeit musste ich zahlreiche thematische und methodologische Überarbeitungen durchführen – eine Erfahrung, die meiner Kenntnis nach den meisten Promovierenden sehr vertraut ist.

4. Was würden Sie Studenten für die Bewerbung um ein Promotionsstipendium raten?

Für die Promotion ist, zumindest in den Sozialwissenschaften, die Qualität des Projektes entscheidend, Noten oder Einträge im Lebenslauf sind weniger wichtig. Ich würde raten, sich zuerst – wenn möglich im Dialog mit vertrauten Dozenten – auf die Ausarbeitung eines innovativen Promotionsvorhabens zu konzentrieren. Wenn dieses mögliche zukünftige Betreuer überzeugt, bestehen meiner Ansicht nach gute Chancen auf ein positives Resultat bei einer Bewerbung um ein Stipendium.

5. Verraten Sie uns Ihren Traumberuf?

Da gibt es viele, das wechselt von Zeit zu Zeit ... Auf jeden Fall sollte es eine Tätigkeit sein, die mich die meiste Zeit amüsiert und für die ich nicht jeden Tag um dieselbe Uhrzeit ins selbe Büro gehen muss.

Interview mit Postdoc Dr. Patrick Velte

Wissenschaftlicher Mitarbeiter (Postdoc) und Habilitand

Nach dem Studium der Betriebswirtschaftslehre an der Universität Hamburg war Dr. Patrick Velte zunächst als wissenschaftlicher Mitarbeiter und Doktorand am Lehrstuhl für Revisions- und Treuhandwesen tätig. Er promovierte im Juni 2008 mit dem Thema „Intangible Assets und Goodwill im Spannungsfeld zwischen Entscheidungsrelevanz und Verlässlichkeit" zum Dr. rer. pol. Seit August 2008 ist er wissenschaftlicher Mitarbeiter (Postdoc) und Habilitand am Lehrstuhl für Revisions- und Treuhandwesen sowie Lehrbeauftragter an der Universität Hamburg.

1. Wozu brauchen Nachwuchswissenschaftler eine Postdoc-Phase?

Die Zielsetzung einer Postdoc-Stelle liegt in der Vorbereitung auf eine zukünftige Professur. Die Anfertigung einer Habilitationsschrift (entweder kumulativ durch Veröffentlichungen in Fachzeitschriften oder auf der Grundlage einer klassischen Monografie) dient dazu, bestehende Forschungslücken zu schließen. Durch das Angebot eigenständiger Lehrveranstaltungen an der Universität sollen die didaktischen Fähigkeiten ausgebaut werden.

2. Sie haben neben Ihrer Tätigkeit an der Universität Hamburg auch an einer Fachhochschule gelehrt. Wie unterscheidet sich die Arbeit an Uni und FH?

Die Übernahme von Veranstaltungen an einer Fachhochschule zeichnet sich traditionell dadurch aus, dass vermehrt praxisbezogene Inhalte im Vordergrund stehen und tendenziell weniger Gewicht auf eine theoretische Fundierung der Vortragsthemen gelegt wird. Allerdings ist ein Annäherungsprozess hinsichtlich der Lehrinhalte zwischen Uni und FH zu beobachten.

3. „Ganz nebenbei" habilitieren Sie bereits und nehmen damit quasi zwei Karriereschritte auf einmal. Welche Vor- und Nachteile hat eine Habilitation in Ihrem Fachbereich gegenüber der Juniorprofessur oder einer Position als Nachwuchsgruppenleiter?

Der Vorteil einer „klassischen" Habilitation via Postdoc-Stelle besteht darin, sich bei vertretbarem Lehrdeputat an der Universität über einen maximalen Zeitraum von sechs Jahren ausgiebig der Forschung widmen zu können. Bei einer Juniorprofessur ist die Lehrbelastung im Allgemeinen höher. Ferner ist zu vermuten, dass in einem späteren Bewerbungsverfahren um eine Professur die „klassische" Habilitation gegenüber der Juniorprofessur bevorzugt werden könnte, sofern die Gutachter selbst keine Juniorprofessur innehatten. Die Postdoc-Stelle hat jedoch gegenüber der Juniorprofessur tendenziell finanzielle Nachteile, weil nach der erfolgreichen Promotion keine Anhebung der Bezahlung im Postdoc-Arbeitsverhältnis erfolgt.

4. Viele Postdocs zieht es ins Ausland, Sie haben hier eine Stelle gefunden. Wie schätzen Sie die Chancen für Nachwuchswissenschaftler in Deutschland ein?

Bedingt durch die fortschreitende Internationalisierung verschärft sich auch der Wettbewerb bei den Habilitanden. Dies zeigt sich u.a. an den sehr hohen Anforderungen im Bewerbungsverfahren um eine Professur im Hinblick auf Veröffentlichungen in englischsprachigen Fachzeitschriften. Aus internationaler Sicht besteht der Trend, möglichst bis Mitte 30 den ersten „Ruf" als Professor bekommen zu haben. Infolge der Verkürzung des Abiturs und der Bachelor-/Masterstudiengänge können die deutschen Nachwuchswissenschaftler aber zumindest im Hinblick auf die zeitliche Komponente wettbewerbsfähig bleiben.

5. Welche Eigenschaften sollte man mitbringen, um an der Hochschule Karriere machen zu können?

Der häufig vertretenen Vermutung, dass die Arbeit eines Habilitanden eine „entspannte" Tätigkeit ist, muss widersprochen ist. Die Arbeitsbelastung, die auf die Anfertigung einer Habilitationsschrift entfällt, ist enorm und muss von der „regulären" wöchentlichen Arbeitszeit von 38 bis 40 Stunden um mindestens 50 Prozent erweitert werden. Gefordert sind daher ein starkes Motivationsvermögen, großes Interesse an aktuellen Forschungsfragen und die Übernahme von Selbstverantwortung.

6. Wie stellen Sie sich Ihren Traumberuf vor?

Mein Wunsch ist, in drei oder vier Jahren eine Anstellung als Professor „auf Lebenszeit" im Bereich Rechnungslegung, Wirtschaftsprüfung und/ oder Corporate Governance zu erhalten.

Interview mit der Akademischen Rätin Dr. Julia Jonas

Akademische Rätin im Beamtenverhältnis auf Lebenszeit

Nach dem Studium der Philosophie, Germanistik, Geschichte und Erziehungswissenschaften an der Universität Trier arbeitete Julia Jonas zunächst als wissenschaftliche Mitarbeiterin am Lehrstuhl für Theoretische Philosophie an der Universität Würzburg, wo sie im Jahr 2002 mit summa cum laude promovierte. Im Anschluss war sie am selben Lehrstuhl als wissenschaftliche Assistentin tätig. Im September 2008 wurde sie zur Akademischen Rätin (im Beamtenverhältnis auf Lebenszeit) ernannt. Dr. Julia Jonas ist Mitglied der Auswahlkommission der Studienstiftung des deutschen Volkes.

1. Frau Jonas, muss man Professor werden, um im Berufsfeld Hochschule glücklich zu werden?

Das hängt natürlich davon ab, was den Menschen jeweils glücklich macht. Sollte das persönliche Glück mit eigenständigem Denken und freier Arbeitsgestaltung in Verbindung stehen, so muss man diese Frage unter den heute bestehenden Voraussetzungen bejahen. Die Professur ist wohl mittlerweile die einzige verbliebene Möglichkeit, die Einheit von Forschung und Lehre konstant aufrechtzuerhalten. Die jüngsten bildungspolitischen Entwicklungen begünstigen die Trennung von Forschung und Lehre, was meines Erachtens auf lange Sicht einer inhaltlichen Entmündigung der Lehrenden wie der Lernenden gleichkommt. Wenn die Lehrenden, ihrer Ausbildung nach, auf die wissenschaftlichen Quellen der Lehrinhalte keinen Zugriff mehr haben, ist es natürlich ohne weiteres möglich, Lehrinhalte unbefragt für sakrosankt zu erklären.

2. Wie wird man Akademische Rätin auf Lebenszeit?

Wichtigste Voraussetzung ist natürlich eine der jeweiligen Stellenbeschreibung entsprechende Qualifikation. Diese wird in der Regel erstens über die Promotion und zweitens über eine mindestens zweijährige, hauptamtlich ausgeübte wissenschaftliche Tätigkeit im Anschluss an die Promotion nachgewiesen. Hinzu kommt normalerweise die Unterstützung durch einen akademischen Mentor. Ich selbst hatte das Glück, auf einen solchen Mentor zu treffen.

3. In welchem zeitlichen Verhältnis stehen bei Ihnen Forschung, Lehrverpflichtung und Weiterbildung im Berufsalltag?

Schwerpunkt meiner Arbeit ist die Lehre. Gleichwohl habe ich Gelegenheit zu forschen. Ein genaues Zeitverhältnis lässt sich schwer angeben, da Forschung und Lehre meines Erachtens nicht getrennt werden können.

4. Welchen Ratschlag können Sie Studenten geben, die an Uni oder FH Karriere machen wollen?

Folgen Sie unbedingt Ihren eigenen inhaltlichen Interessen, auch und gerade dann, wenn Ihre Interessen dem sogenannten „Mainstream" zuwiderlaufen. Bemühen Sie sich um ein Netzwerk aus Kommilitonen, die an Ihren Inhalten interessiert sind. Suchen Sie sich einen Mentor, der Ihre Interessen teilt und bereit ist, Sie zu fördern. Voraussetzung dafür ist natürlich ein konstant hohes Leistungsniveau in Ihrer Arbeit.

5. Welche Eigenschaften hat Ihr persönlicher Traumberuf?

Mein Traumberuf gewährt ein ausgewogenes Verhältnis zwischen Forschung und Lehre. Er garantiert freies Denken in der Forschung und inhaltliche Unabhängigkeit in der Lehre.

Interview mit Privatdozent Priv.-Doz. Dr.-Ing. Herbert Baaser

Privatdozent und Lehrbeauftragter mit zusätzlicher Forschungsstelle in der Industrie

Nach dem Studium von Maschinenbau und Mechanik an der TU Darmstadt wurde PD Dr.-Ing. Herbert Baaser wissenschaftlicher Mitarbeiter und promovierte 1999 über „Schädigungsmodellierung metallischer Werkstoffe". Im Jahr 2000 zog es ihn für einen Forschungsaufenthalt an die DTU Kopenhagen, Dänemark, von wo er ans Institut für Mechanik der TU Darmstadt zurückkehrte und seine Habilitation vorbereitete. Seit 2003 ist er bei Freudenberg Forschungsdienste zunächst als Berechnungsingenieur und später als Gruppenleiter der CAE-Grundlagenwicklungen tätig und habilitierte sich 2004 über „Simulation von entfestigendem Materialverhalten", womit er die Lehrerlaubnis („Venia legendi") und Privatdozentur erhielt.

Seit 2008 ist er bei Freudenberg Forschungsdienste als Senior Engineer für „Physikalische Materialeigenschaften und Lebensdauer" u. a. für wissenschaftliche Weiterentwicklungen und Hochschulkontakte verantwortlich. Er lehrt außerdem als Privatdozent an der TU Darmstadt und ist Lehrbeauftragter für ingenieurtechnische Grundlagenfächer an der FH Bingen und der DHBW in Mannheim.

1. Herr Baaser, als Ingenieurwissenschaftler haben Sie auch in der Industrie relativ gute Chancen. Was reizt Sie am Hochschulbetrieb?

Ich bin vom Hochschulbetrieb nicht ganz weggekommen, obwohl ich bereits seit 2003 „in der Industrie" angestellt bin. Er ist und bleibt für mich sehr reizvoll, weil ich viel Freude am Unterrichten habe und ich dies auch regelmäßig von den Studenten zurückgemeldet bekomme. Damit bleibe ich am Ball und behalte wohl eine gewisse Bodenhaftung. Außerdem bieten sich dadurch für mich immer wieder gute Anknüpfungspunkte zum Betreuen von Abschlussarbeiten oder Promotionen, um aktuelle Forschungsthemen voranzubringen.

2. **Wie schätzen Sie die Chancen für hoch qualifizierte Nachwuchswissenschaftler in der Industrie ein?**

Sehr gut. Allerdings muss man sich bewusst sein, dass ein gewisser, direkter Druck der Kunden da ist, der sich auf die Arbeitsweise und das eigene Ergebnis (im Sinne von Inhalt und verfügbarem Budget) auswirkt. Auch ich habe dies in teilweise leidvoller Erfahrung erlebt. Als Berater und Gutachter von (überregionalen) Forschungsprojekten unterstütze ich junge Wissenschaftler in Universitäten und Forschungszentren mit den mir zur Verfügung stehenden Mitteln und eben der „Industrie-Sicht" der jeweiligen Fragestellung. Somit sehe ich eine gute Möglichkeit für Wissenschaftler als „Brückenbauer und Vermittler" zwischen beiden Welten, die sich gegenseitig positiv beeinflussen können, wenn man sich engagiert und dabei die richtigen Kontakte in beide Richtungen nutzt.

3. **Sie arbeiten nebenberuflich als Lehrbeauftragter an der Fachhochschule Bingen und der Dualen Hochschule Baden-Württemberg in Mannheim. Welche Stellenmöglichkeiten gibt es für Privatdozenten vor der Professur an Uni und FH?**

Aus finanzieller Sicht „keine", es sei denn man hätte einen unbefristeten Vertrag im Angestellten- oder Beamtenverhältnis an einer Hochschule und arbeitet eben darauf in Lehre und/oder Forschung. Der „Privatdozent" ist ein klassischer „Titel ohne Mittel" und stellt eigentlich die Vorstufe zu einer Professur dar, allerdings ohne Leitungsfunktion an der Uni, solange man eben nicht auf eine Professur berufen wird.

Die Lehrtätigkeit an einer Fachhochschule (oder Hochschule mit äquivalentem Status) wird sehr oft auch von Lehrbeauftragten ohne Habilitation sehr erfolgreich durchgeführt. Ein zusätzlicher Titel ist dazu nicht nötig, vielleicht aus der Sicht des einen oder anderen sogar hinderlich, weil einem eine andere „Aura" (oder wie man es nennen möchte) anhaftet!?

4. **Wenn Sie am Hochschulbetrieb etwas ändern könnten, was würden Sie tun?**

Zunächst einmal würde ich das Verhältnis von Studenten zu Hochschullehrern deutlich verschieben und eine intensivere Betreuung anbieten, um diesem Wort wieder seinen ursprünglichen Sinn verpassen zu können („studere" = lat. für sich ereifern). Das geht natürlich nicht ohne erhebliche, zusätzliche finanzielle Mittel, die „irgendwo" herkommen müssen. Ab hier Zusatzdebatte!

Mit diesen „neuen" Freiräumen muss ein Professor auch wieder forschen dürfen, ohne dabei lange Zeit mit Antrags-, Begutachtungs- und Verwaltungstätigkeiten belastet zu sein. Das bremst aus und hat – aus meiner Sicht – schon zu einigen Entwicklungen und Verschiebungen in der deutschen Forschungslandschaft geführt, die ich nicht als zukunftsweisend erachte.

5. **Wird die Habilitation trotz Juniorprofessor und Nachwuchsgruppenleiter Ihrer Meinung nach auch in Zukunft Bestand haben?**

Bestand im Sinne einer guten, speziell deutschen Tradition bestimmt. Man muss schon sehen, dass dabei oft sehr gute Bücher entstehen, die ich teilweise als Nachschlagewerke sehr schätze.

Wahrscheinlich wird die zukünftige Entwicklung aber von Fach zu Fach verschieden sein und es sehr entscheidend auch von der Qualität der Arbeiten und der jeweiligen „Community" selbst abhängen. Man muss ja nicht das eine gegen das andere ausspielen oder aufwiegen. Es sind unterschiedliche Qualifikationen, die ein wissenschaftliches Arbeiten dokumentieren und für jeden Einzelnen mit seinen Qualitäten sprechen.

6. **Welchen Ratschlag würden Sie Studenten geben, die eine Hochschulkarriere anstreben?**

Jede und jeder Interessierte sollte sich nach dem Studium genau fragen, was man als Wissenschaftler Neues beitragen kann, dies am besten schon mit dem zukünftigen Betreuer (!) der Dissertation. Aus meiner Sicht sollte eine Promotion oder weiterer Verbleib an einer Hochschule nicht als Verlängerung des Studiums gesehen werden, um z. B. einer Arbeitslosigkeit zu entgehen oder grundlegende Entscheidungen im Lebensweg hinauszuzögern. Das funktioniert nicht und geht am Sinn eines wissenschaftlichen Arbeitens vorbei.

Außerdem ist es heute wichtiger denn je, Netzwerke zu bilden und in der jeweiligen „Community" präsent zu sein. Dazu gehört auch, viel zu lesen, was andere tun oder schon getan haben. Dies gepaart mit Durchhaltevermögen und dem nötigen Ehrgeiz ist eine gute Grundlage: „Quod nocet, docet" steht bestimmt auch schon irgendwo bei Asterix.

Gleichzeitig empfehle ich, immer ein „Exit-Szenario" und andere Optionen als „nur Hochschule" im Kopf mitzuführen: Es kann im Leben z. B. durch Familie (freut mich!) oder gesundheitliche Grenzen (wünsche ich niemandem!) immer Verschiebungen in der persönlichen Prioritätenliste geben, die man nicht von Anfang an planen kann.

Interview mit Nachwuchsgruppenleiter Dr. Oliver Daumke

Nachwuchsgruppenleiter der Helmholtz-Gesellschaft

Oliver Daumke studierte Biologie in Freiburg, Brighton (UK) und Köln. Er promovierte am Max-Planck-Institut für Molekulare Physiologie in Dortmund über die Strukturaufklärung und den Mechanismus eines Proteins, das an der Krebsunterdrückung beteiligt ist. Danach forschte er als wissenschaftlicher Mitarbeiter für drei Jahre am Laboratory of Molecular Biology in Cambridge/UK. Seit 2007 ist Oliver Daumke als unabhängiger Helmholtz-Nachwuchswissenschaftler am Max-Delbrück Centrum für Molekulare Medizin in Berlin-Buch tätig und untersucht mit seiner Gruppe die Struktur und den Mechanismus von Proteinen, die biologische Membranen deformieren können.

1. Herr Daumke, wie viel Forschung, Lehre und Verwaltung passen in Ihren Alltag und in welchem Verhältnis stehen diese bei Ihnen zueinander?

Seit dem Aufbau meiner Gruppe bin ich selbst kaum mehr experimentell im Labor tätig. Meine Hauptaufgabe sehe ich darin, meinen Doktoranden und wissenschaftlichen Mitarbeitern einen umkomplizierten, schnellen Fortgang ihrer Forschung zu ermöglichen und dafür die Rahmenbedingungen zu schaffen. Dazu gehören die Planung und Auswertung von Experimenten, aber auch über eingeworbene Anträge genügend Mittel für unsere Experimente zur Verfügung zu stellen. In der Lehre bin ich im Moment nicht tätig, habe mich aber für eine Juniorprofessur an der Charité beworben.

2. Wie sieht denn ein typischer Tag als Nachwuchsgruppenleiter aus?

Der ist äußerst vielseitig, normalerweise bin ich morgens um 7.30 Uhr im Büro und schreibe an Anträgen und Manuskripten, bereite Vorträge vor, korrigiere Diplom- und Doktorarbeiten, kümmere mich um Bestellungen, rede mit unserer Verwaltung, diskutiere Ergebnisse und Experimente mit meinen Doktoranden und Postdocs, richte neue Geräte und

Computer ein, rede mit Vertretern und so weiter. Normalerweise gehe ich dann gegen 17.30 Uhr nach Hause zu meiner Familie.

3. Welche Vor- und Nachteile hat ein Nachwuchsgruppenleiter im Vergleich zum klassischen Habilitanden?

Die Helmholtz-Gesellschaft bietet sehr attraktive Bedingungen für Nachwuchswissenschaftler. Dies betrifft auf der einen Seite die Ausstattung mit Mitarbeitern und Sachmitteln, die sicher großzügiger ist als an vielen Universitäten. Auf der anderen Seite nimmt einem eine professionelle Verwaltung vieles an Arbeit ab. Auch das wissenschaftliche Umfeld ist großartig, es gibt viele Vorträge von auswärtigen Sprechern und Diskussionen innerhalb des Institutes. Was meine Forschungsaktivitäten und Publikationen angeht, bin ich komplett unabhängig. Und seit ein paar Jahres bietet die Helmholtz-Gesellschaft ein Tenure-Track-System für ihre Nachwuchsgruppenleiter an, das heißt, nach erfolgreicher Evaluation durch ein Gremium auswärtiger Experten ist eine Festanstellung am Institut vorgesehen.

4. Welche Vor- und Nachteile hat ein Nachwuchsgruppenleiter im Vergleich zum Juniorprofessor?

Die sogenannten Helmholtz-Universitäts-Nachwuchsgruppen, wie ich eine habe, gehen von einer engen Anbindung an die Universität aus. Das heißt, dass ich auch in der Lehre tätig sein soll – und sein werde – und selber einen Titel als Juniorprofessor anstrebe. Im Vergleich zu meinen Kollegen an der Universität ist mein Zeitaufwand für die Lehre aber deutlich geringer und ich kann mich mehr auf die Forschung konzentrieren. Da für eine spätere Bewerbung auf Professuren hauptsächlich Forschungserfolge relevant sind, ist das sicher im Moment ein Vorteil für mich. Ich glaube, dass man als Helmholtz-Nachwuchswissenschaftler auch etwas unabhängiger ist als viele Juniorprofessoren an der Universität, die ihre Forschung häufig mit dem Themengebiet ihres Chefs verbinden.

5. Welchen Ratschlag können Sie Studenten geben, die an Uni oder FH Karriere machen wollen?

Ich würde das Studium zügig durchziehen und schon früh probieren, einen Einblick in die Forschung zu gewinnen (Praktika etc.). Mir hat dabei mein Studienjahr an der University of Sussex nach dem Vordiplom sehr geholfen, wo ich das erste Mal für drei Monate im Labor gestanden bin und außerdem noch Englisch gelernt habe. Wenn man in der akademischen Forschung Karriere machen will, sollte man während des Studiums eine gewisse Begeisterung für sein Fach entwickeln. Wenn die erst mal vorhanden ist, kann man die vielen Hürden auch angehen, die der Wissenschaftsberuf mit sich bringt.

Interview mit Juniorprofessorin Prof. Dr. Marita Jacob

Juniorprofessorin für Methoden der empirischen Sozialforschung

Prof. Dr. Marita Jacob wurde im Wintersemester 2005/2006 auf eine Juniorprofessur für Methoden der empirischen Sozialforschung an der Universität Mannheim berufen. Sie studierte Sozialwissenschaften, Mathematik und Volkswirtschaftslehre in Gießen und London, promovierte am Max-Planck-Institut für Bildungsforschung in Berlin und arbeitete am Institut für Arbeitsmarkt- und Berufsforschung in Nürnberg. Seit 2009 ist sie Stipendiatin der Robert-Bosch-Stiftung im Programm „Fast Track" für exzellente Nachwuchswissenschaftlerinnen. In ihrer Position als Juniorprofessorin für Methoden ist sie für Vorlesungen zu Datenerhebung, Datenauswertung und fortgeschrittenen statistischen Analyseverfahren zuständig und lehrt und forscht darüber hinaus zur Familiensoziologie und zu sozialer Ungleichheit in der Bildung.

1. **Frau Jacob, wie viel Forschung, Lehre und Verwaltung passen in Ihren Alltag und in welchem Verhältnis stehen diese bei Ihnen zueinander?**

Meistens kann ich mir meine Arbeit und meine Schwerpunkte einteilen. Es gibt natürlich erhebliche Unterschiede zwischen der Vorlesungszeit einerseits, mit einer starken Einbindung in die Lehre und Betreuung von Studierenden, und andererseits der vorlesungsfreien Zeit, in der ich mich mehr meiner Forschung widmen kann. Mein Lehrdeputat beträgt zurzeit sechs Semesterwochenstunden, ist also etwas geringer als bei vollen Professorenstellen. Vor allem die Ausarbeitung einer völlig neuen Vorlesung, die mich nicht nur als ‚Berufsanfängerin' betroffen hat, sondern zusätzlich aufgrund der Umstellung der Studiengänge auf BA und MA nötig war, gestaltet sich sehr aufwändig. Auf diese Ausarbeitungen kann ich jetzt aber zum Teil zurückgreifen, wenn sich der Turnus wiederholt. Der Umfang für universitäre Gremienarbeit und Verwaltungsaufgaben hält sich in Grenzen, ist aber deutlich höher, als es von außen erscheint.

2. Ergeben sich Zielkonflikte dadurch, dass Sie auf Ihrer Stelle einerseits bereits zu den Professoren gehören, andererseits aber die Qualifikationsphase noch nicht ganz abgeschlossen haben? Wenn ja, welche?

Die Selbständigkeit in Forschung und Lehre ist *der* große Vorteil einer Juniorprofessur: Ich kann meine Forschungsthemen frei wählen, selbständig Forschungsanträge verfassen, kann Verantwortung übernehmen und Entscheidungen fällen. Meine Lehrveranstaltungen gestalte ich eigenständig und auch (Massen-)Vorlesungen sind mir erlaubt. Gleichzeitig fallen aber auch die Verpflichtungen einer Professur an: Prüfungen und Abschlussarbeiten betreuen und bewerten, Mitarbeiter anleiten und führen, Gutachten für alle erdenklichen Angelegenheiten erstellen und zahlreiche Verwaltungsaufgaben. Es ist aus meiner Sicht weniger ein Zielkonflikt als vielmehr eine offene Frage, ob diese Qualifikationen und Erfahrungen in meinem weiteren Werdegang – sprich: bei Bewerbungen auf ‚reguläre' Professorenstellen – gewürdigt werden oder ob Bewerber, die beispielsweise aus Forschungseinrichtungen kommen oder traditionell habilitiert haben, die Nase vorn haben. Aus meinen eigenen bisherigen Erfahrungen sehe ich aber keinerlei Nachteile.

3. In welcher Form werden neue Juniorprofessoren an Ihrer Hochschule bei der Einarbeitung unterstützt?

Eine explizite Einarbeitung im engeren Sinn gab es nicht, sicherlich auch, weil ich die erste Juniorprofessorin an der Universität Mannheim war. Allerdings war zu Beginn das Lehrdeputat auf vier Stunden begrenzt und fakultätsintern gab es eine Vereinbarung, dass ich zunächst, abgesehen von den obligatorischen Gremien der Fakultät, nur wenig in die akademische Selbstverwaltung eingebunden war. Mit der Zeit haben sich aber sowohl die Aufgaben in der Lehre als auch die in der Verwaltung und die Gremienarbeit erhöht.

4. **Welche Vor- und Nachteile haben Juniorprofessoren im Vergleich zu Nachwuchsgruppenleitern?**

Ungeachtet der unterschiedlichen Ausstattung und Gestaltungsmöglichkeiten von Leitern einer Nachwuchsgruppe und Juniorprofessoren ist ein Vorteil sicherlich die zumindest formal engere Verbindung mit der Professorenschaft, was beispielsweise Mitsprache- und Entscheidungsrechte anbelangt. Während Nachwuchsgruppenleitern jedoch häufig ein oder zwei Mitarbeiter zugesprochen werden, war dies bei mir nicht der Fall: Ich habe mir über Forschungsanträge und das Einwerben von Fördergeldern inzwischen drei Mitarbeiter- und Doktorandenstellen selbst geschaffen.

5. **Wie schätzen Sie die Berufsaussichten von Juniorprofessoren ein?**

Das kommt auf die einzelnen Fachdisziplinen an, ob und inwiefern die Juniorprofessur tatsächlich als habilitationsäquivalent angesehen wird. Da ich keinen Tenure Track habe (d. h. keine zugesicherte Fortfinanzierung meiner Stelle nach Beendigung der sechsjährigen Juniorprofessur), ist meine Zukunft offen. Ich bin aber optimistisch, dass ich meinen eingeschlagenen Weg in der Wissenschaft weitergehen werde.

6. **Welchen Ratschlag können Sie Studenten geben, die an Uni oder FH Karriere machen wollen?**

Das wichtigste Kriterium sollte der Spaß am wissenschaftlichen Arbeiten sein, ob und in welcher Position dies ausgeübt werden kann, steht meines Erachtens an zweiter Stelle. Für diejenigen, denen Freiheit und Eigenständigkeit wichtig sind, gibt es neben der Juniorprofessur auch andere Möglichkeiten, wie Stipendien, Leiten einer Nachwuchsgruppe etc. Aber auch traditionell als Mitarbeiter an einem Lehrstuhl oder in einem Forschungsprojekt zu arbeiten hat seine Vorteile. Nicht zuletzt sind die Opportunitäten und Gelegenheiten häufig begrenzt, sodass sich die Frage nach dem ‚richtigen' Weg erst im Nachhinein beantworten lässt.

Interview mit Professor Dr. Dr. Georg Schneider

Jüngster Lehrstuhlinhaber Deutschlands

Georg Schneider wurde 1980 in Wien geboren. Er studierte dort Mathematik und graduierte im Jahr 2001. Bereits 2002 promovierte er mit der höchsten Auszeichnung für Studienleistungen in Österreich sub auspiciis und schloss eine weitere Promotion in BWL an, die 2005 mit derselben Auszeichnung beendet wurde. 2004 und 2005 forschte er während Gastaufenthalten in Stanford (USA). 2007 wurde Herr Schneider zum W 3-Professor an die Universität Paderborn berufen. Er lehrt dort BWL, insbesondere externes Rechnungswesen. Prof. Dr. Dr. Schneider ist Autor zahlreicher internationaler Artikel in der Mathematik und Betriebswirtschaftslehre. Sein breites Arbeitsgebiet reicht von rein mathematischen über betriebswirtschaftliche bis hin zu rechtlichen Arbeiten.

1. **Herr Schneider, im Alter von 27 Jahren hatten Sie bereits zweimal promoviert und wurden zum jüngsten Lehrstuhlinhaber Deutschlands berufen. Wie ist das zu schaffen?**

Bei meinem Karriereweg sind einige glückliche Umstände zusammengekommen. Wenn man Mathematik studiert, ist es bei entsprechender Begabung möglich, schnell voranzukommen. Schließlich handelt es sich nicht um ein Massenstudium mit den damit verbundenen negativen Aspekten. Zur Promotion in Mathematik ist mir dann einfach schnell etwas eingefallen. Ein wesentlicher Schritt war der anschließende Wechsel in die BWL. Viele reinen Mathematiker hätten diesen Schritt aus Risikoaversionsgründen nicht gewagt, und einige, die es parallel zu mir versucht haben, sind an der fehlenden ökonomischen Intuition gescheitert. Ich schätze mich glücklich, hier eine mehrfache Begabung zu haben und dass mir viele Dinge einfach leichterfallen als meinen Kollegen. Hätte ich mein erstes Doktorat ein paar Jahre später gemacht, hätte ich wohl nicht mehr das Gebiet gewechselt. Schließlich kam die Professur für externes Rechnungswesen. Es war wieder ein Wechsel, zumal ich in Wien mit Controlling befasst war. Neben dem Talent war sicher ausschlaggebend, dass ich immer bereit war, mein Gebiet zu wechseln und neue Herausforderungen anzunehmen!

2. **Sicher sind einige Ihrer Studenten älter als Sie selbst. Empfinden Sie das manchmal als problematisch?**

In der heutigen Zeit mit Bachelor- und Masterstudium kommt dies inzwischen eher selten vor. In meinen ersten Vorlesungen vor sieben Jahren in Wien waren zwei Drittel der Studenten älter als ich. Ich habe darin aber nie ein Problem gesehen.

3. **Was macht den Reiz am Professorenamt aus?**

Es gibt viele Reize – der wichtigste ist aber das selbstbestimmte Arbeiten. Ich kann selbst bestimmen, mit welchen Forschungsfragen ich mich beschäftige. Damit ist eine unheimliche Freiheit verbunden. Ich werde niemals in meinem Leben stundenlang vor stupiden Excel-Tabellen sitzen und Routinetätigkeiten erledigen.

4. **Wie schätzen Sie die Chancen für Nachwuchswissenschaftler in Deutschland ein?**

Das hängt vom Gebiet ab. In der BWL geht man im Gegensatz etwa zur Mathematik und den Naturwissenschaften mit den eigenen Schülern sehr verantwortungsvoll um. Man schenkt ihnen reinen Wein ein; das heißt, man würde ihnen auch klipp und klar sagen, wenn sie nicht gut genug für eine Professur sind, und würde diese Leute auch nicht mit Postdoc-Stellen an der Uni halten. Somit ist für die verbleibenden die Aussicht recht gut.

5. **In der Mathematik und Ökonomie beschäftigen Sie sich mit komplexen Strukturen. Was würden Sie an der Struktur des deutschen Hochschulsystems ändern?**

An erster Stelle: Bürokratie und einschneidende Regelungen beseitigen. Ich würde es auch für sinnvoll erachten, in den Massenfächern ein besseres Betreuungsverhältnis zu erwirken. Auch würde ich eine Bundesfinanzierung der Universitäten stark begrüßen.

6. Was würden Sie Studenten raten, die an der Hochschule
   Karriere machen möchten?

Hängt vom Gebiet ab – von manchen Gebieten würde ich sogar abraten. Wichtig ist es, immer selbstkritisch zu bleiben und ständig zu hinterfragen, ob die Uni-Tätigkeit das Richtige für einen ist. Ich habe schon so viele gescheiterte Karrieren von Personen gesehen, bei denen ich mir dachte, sie wären außerhalb der Uni viel glücklicher geworden.

Interview mit Assistent Professor Dr. Oliver Simons

Assistent Professor an der Harvard Universität

Nach seinem Magisterstudium der Germanistik und Philosophie war Oliver Simons für fünf Jahre wissenschaftlicher Mitarbeiter an der Humboldt-Universität Berlin. Nach Abschluss seiner Promotion 2005 bewarb er sich in den USA und ist seit Herbst 2005 Assistant Professor am German Department der Harvard Universität.

1. Herr Simons, wie sieht Ihr Berufsalltag aus?

Ich unterrichte zwei Seminare pro Semester, meist an zwei oder drei Tagen in der Woche. In der Regel habe ich drei Sprechstunden, dazu gibt es monatlich eine Sitzung des Kollegiums. Die übrige Zeit nutze ich für meine Forschung.

2. Worin unterscheiden sich Forschung und Lehre in Harvard und der HU Berlin?

Die Anzahl der Studierenden lässt sich nicht vergleichen. In Harvard habe ich Seminare mit vier Studierenden unterrichtet, zehn Teilnehmer sind schon recht viel. Die Seminare sind daher etwas intensiver als in Berlin; die Diskussion ist sehr viel wichtiger. Aufwändiger ist daher aber auch die Betreuung; in Berlin kamen nur selten Studenten in die Sprechstunde, hier sind einstündige Gespräche die Regel. In der Forschung hingegen gibt es eigentlich keine Unterschiede.

3. Wie sinnvoll sind Vergleiche zwischen deutschen und amerikanischen Universitäten?

Die Vergleiche sind nur bedingt aussagekräftig. Man muss bedenken, dass die amerikanischen Studenten aus einem doch sehr anderen Schulsystem kommen, in der Regel sehr viel jünger sind als Studienanfänger in Deutschland. Ein Wechsel in das amerikanische System ist daher vielleicht erst nach Abschluss des B.A. oder als Postdoc sinnvoll, zumal es hier gerade in den Geisteswissenschaften eine hohe Wertschätzung für die deutsche Ausbildung der Studenten gibt.

4. Wie wird innerhalb der USA das Qualitätsgefälle zwischen privaten und öffentlichen Hochschulen wahrgenommen?

Das Gefälle ist immens. Das liegt nicht nur an den ungleich besseren Studienbedingungen, der Ausstattung von Bibliotheken, dem Angebot in der Lehre und dergleichen, es betrifft vor allem die finanziellen Fördermöglichkeiten. Die Studiengebühren werden an privaten Universitäten nach dem Einkommen der Eltern bemessen, die meisten Studierenden zahlen daher nicht den vollen Betrag, viele sogar gar nichts. Für Studierende aus Haushalten mit geringem Einkommen ist ein Abschluss an einer privaten Universität folglich weitaus günstiger als das Studium an einem staatlichen College.

5. Was müsste sich am deutschen Hochschulsystem ändern, um Sie zurückzugewinnen?

Das deutsche Hochschulsystem war nicht der Grund für meinen Umzug in die USA. Aber zweifelsohne genieße ich einige der Vorzüge der amerikanischen Universität. Mein Lehrdeputat lässt sich mit dem meiner Kollegen in Deutschland nicht vergleichen, eine Umstellung würde mir daher sicher zunächst schwerfallen.

6. Welchen Ratschlag können Sie Studenten geben, die an einer Uni in den USA Karriere machen wollen?

So früh wie möglich ein Gastsemester in den USA zu verbringen, um sich mit dem anderen System vertraut zu machen. Es wird anders gelehrt und anders gelernt. Auch wenn nach der Einführung des B.A. in Deutschland die Ausbildungsmodelle beider Länder identisch zu sein scheinen, die USA haben eine völlig andere Bildungskultur, die man kennen und schätzen muss.

Interview mit Professor Dr. Dr. Ann-Kristin Achleitner

Lehrstuhlinhaberin für Entrepreneurial Finance an der TU München

Nach Studien und Promotionen der Betriebs- und Rechtswissenschaften sowie anschließender Habilitation an der Universität St. Gallen, war Prof. Dr. Dr. Ann-Kristin Achleitner in der Unternehmensberatung tätig. Im Jahr 1995 wurde sie auf den Lehrstuhl für Bank- und Finanzmanagement an der European Business School (ebs) berufen. Seit dem Jahr 2001 hat sie an der TU München den KfW-Stiftungslehrstuhl für Entrepreneurial Finance inne und ist wissenschaftliche Direktorin des Center for Entrepreneurial and Financial Studies (CEFS). Für ihre Leistungen in Forschung und Lehre erhielt Frau Prof. Dr. Dr. Achleitner mehrere Preise und Auszeichnungen, darunter auch den Verdienstorden der Bundesrepublik Deutschland.

1. Frau Achleitner, wie ist der Arbeitsalltag unter so vielen Männern?

Schon während meines Studiums an der Universität St. Gallen war ich maßgeblich von Männern umgeben – während meiner Zeit bei McKinsey hat sich das fortgesetzt. Da ich es gewohnt bin, hauptsächlich mit Männern zusammenzuarbeiten, nehme ich es heute gar nicht mehr wirklich wahr, dass meine Kollegen vor allem männlich sind. Gleichzeitig empfinde ich es als wichtig für die Arbeitsleistung und das Arbeitsklima, dass, wenn schon nicht in hohem Ausmaß, so doch auch Frauen in den Teams dabei sind. Bei der Rekrutierung der Assistenten achten wir daher am Lehrstuhl stark darauf, dass immer auch Assistentinnen dabei sind.

2. Hatten Sie es in Ihrer Uni-Karriere dadurch schwerer, dass Sie eine Frau sind?

Dank meines sehr offenen Habilitationsvaters hatte ich es als junge Habilitandin sicherlich nicht schwerer. Später musste ich allerdings die Herausforderungen meistern, die sich aus einer Partnerschaft und Kindern für die berufliche Tätigkeit ergeben. So habe ich meinen ersten Lehrstuhl aufgegeben, als mein Mann und ich aufgrund eines beruflichen Wechsels seinerseits umzogen. Heute ist meine Uni-Zeit insbesondere dadurch geprägt, dass ich neben den Anforderungen der Universität auch jenen meiner Kinder gerecht werden will. Daher habe ich mich vor einiger Zeit entschlossen, einen Teilzeitvertrag einzugehen, und reise beispielsweise sicherlich weniger zu Konferenzen, als ich es ohne Kinder täte.

3. Warum besetzen so wenige Frauen Professorenämter?

Es sind ja grundsätzlich wenige Frauen in Führungsfunktionen tätig – da macht die Universität keine Ausnahme. Hinzu kommt im universitären Umfeld sicherlich, dass die Art der Stellensuche und -zuteilung die Abstimmung zweier Lebensläufe in einer Partnerschaft erschweren kann. Meines Erachtens sind die Rahmenbedingungen, die an Universitäten geschaffen werden, jedoch so gut, dass die Quote weiblicher Professoren konstant weiter steigen sollte – meine Einschätzung, dass diese Entwicklung eintreten wird, ist sehr positiv.

4. Welche Maßnahmen wären nötig, um die Frauenquote an den Hochschulen aufzubessern?

Das wichtigste Thema ist sicherlich die Kinderbetreuung, um die Vereinbarkeit von Familie mit der Tätigkeit an der Uni zu verbessern. Allerdings sollte man nicht unterschätzen, wie wichtig einfach die grundsätzliche Einstellung einer Institution und ihrer Menschen zur Familienfreundlichkeit ist – das wirkt sich dann automatisch auf Terminfindungen und viele andere Fragen bei der täglichen Arbeitsorganisation aus. Die Stiftung „Beruf und Familie" hat einen Führer mit sehr guten Ansatzpunkten herausgegeben, der einen guten Überblick gibt, was hier alles getan werden kann.[1]

---

[1] Anm. der Autorin: Beruf und Familie (Hrsg.): Standortvorteil: familiengerechte Hochschule. Spezifische Lösungen für die familiengerechte Gestaltung der Arbeits- und Studienbedingungen an deutschen Hochschulen. Frankfurt am Main, 2008. Online finden Sie den Führer unter: www.beruf-und-familie.de/system/cms/data/dl_data/41cff8f be6b180740836afae4b0ee0db/fuer_die_praxis_02_hochschule.pdf

5. Ist es eigentlich gut möglich, Forschung und Familie zu vereinbaren?

Beruf und Familie zu vereinbaren, ist immer eine Herausforderung. Eine entscheidende Frage ist die zeitliche Flexibilität. Hier ist man an der Universität und in der Forschung sicherlich sehr gut gestellt. Auch hat man die Möglichkeit, in spannenden Netzwerken zu arbeiten und durch den direkten Austausch auch in Zeiten, in denen man eventuell etwas weniger forschen kann, trotzdem an der aktuellen Forschung dran zu bleiben. Ich denke also ja, man kann es vereinbaren! Aber, das sei nicht verschwiegen, es verlangt eine gewisse Resilienz.

6. Was würden Sie Studentinnen raten, die an der Hochschule Karriere machen möchten?

Es einfach zu tun! Die Frauen, die es getan haben, zeigen doch, dass es geht. Ich würde nicht zu viel Scheu davor entwickeln. Bei jedem Lebensweg stößt man auf Hindernisse, die man positiv bewältigen muss. Dabei hilft es dann, wenn man für die Sache, die man tut, Begeisterung hat und gleichzeitig von Menschen umgeben ist, die man schätzt und die es gut finden, dass man es versucht. Von daher würde ich mir das Umfeld genau anschauen, ob dort die Grundeinstellung positiv ist.Anhang C: Interviews 2014

Anhang C: Interviews 2014

Interview mit Dr. Rebecca Medda

Sie ist mittlerweile wissenschaftliche Mitarbeiterin am Department of Biophysical Chemistry am Institute of Physical Chemistry der Universität Heidelberg.

1. Bei unserem letzten Interview haben Sie gerade in Göttingen promoviert. Was ist seitdem beruflich alles bei Ihnen passiert?

Nach meiner Promotion blieb ich noch knapp zwei Jahre in Göttingen und wechselte dann nach Heidelberg, wo ich bis jetzt als PostDoc beschäftigt bin.

2. Was genau machen Sie an Ihrer neuen Stelle?

Ich bin nach wie vor in der Forschung tätig allerdings mit mehr Bezug zu medizinischen Fragestellungen. Momentan untersuche ich die Wechselwirkungen zwischen adhärenten Zellen und deren Umgebung. Diese ist beispielsweise wichtig für die Herstellung von Implantaten.

3. Was würden Sie Studenten raten, die von einer Karriere in der Forschung träumen?

Jeder, der Interesse und Spaß an der Forschung hat, kann meiner Meinung nach eine wissenschaftliche Laufbahn einschlagen. Ist die Langzeitperspektive an einer Universität oder Forschungseinrichtung zu unsicher, ist es auch möglich wissenschaftliche Forschung in der Industrie zu betreiben.

Interview mit Dr. Eric Sangar

Er arbeitet zurzeit als Fernand Braudel Fellow am Institut de Recherche Stratégique de l'Ecole Militaire (IRSEM) in Paris.

1. **Für die erste Auflage dieses Buchs hatten Sie mir ein Interview über Promotionsstipendien gegeben. Was ist in der Zwischenzeit alles passiert?**

Im Juni 2012 habe ich meine Promotion abgeschlossen und habe danach eine erste Stelle als wissenschaftlicher Mitarbeiter an der Universität Stuttgart übernommen. Die Buchfassung meiner Dissertation erschien vor einigen Monaten im Rombach-Verlag unter dem Titel „Historical Experience – Burden or Bonus in Today's Wars?". Seit April 2014 führe ich einen Forschungsaufenthalt am Institut de Recherche Stratégique de l'Ecole Militaire in Paris durch.

2. **Was machen Sie genau in Paris?**

Ich habe dort ein Stipendium im Rahmen eines Fernand Braudel Fellowship zur Durchführung eines Projekts über die Nutzung historischer Referenzen in Mediendebatten über Kriege und Interventionen. Dabei versuche ich herauszufinden, auf welche geschichtlichen Kriege und Persönlichkeiten sich Diskursakteure beziehen, um heutige Kriege zu interpretieren. Dies ist insbesondere interessant im transnationalen Vergleich – beziehen sich französische Akteure mehr auf den I. Weltkrieg als deutsche? Hat der Vietnam-Krieg nur eine Bedeutung in den USA oder auch anderswo? Inwieweit dominiert der II. Weltkrieg nach wie vor die Debatten zur Begründung von Interventionen?

3. Worin unterscheidet sich das französische vom deutschen Hochschulsystem?

Ich denke, es gibt in Frankreich eine gewissen Spannung zwischen den frei zugänglichen öffentlichen Universitäten und den sogenannten Grandes Ecoles, welche zum Teil privat geführte Hochschulen sind, die sehr selektive Aufnahmebedingungen haben. Während sich in Deutschland die wirtschaftlichen und politischen Eliten vor allem mithilfe des Studienfaches (Jura, VWL…) reproduzieren, spielt in Frankreich das Diplom einer Grande Ecole eine größere Rolle als das Studienfach selbst.

4. Was würden Sie am Hochschulsystem in Deutschland ändern?

Aus meiner Sicht wären zwei Änderungen wichtig: Zunächst wäre es wichtig, die seit der Bologna-Reform viel zu stark verschulten Studiengänge offener zu gestalten, um die Eigenverantwortung und das kritische Denken der Studierenden zu stärken. Das Studium kann nicht allein dazu dienen, möglichst schnell Absolventen vorzubereiten, die sich danach geräuschlos in Unternehmen und Verwaltung eingliedern. Zum zweiten sollten die prekären Bedingungen für den wissenschaftlichen Nachwuchs verbessert werden. Im Hinblick auf die Chancen auf unbefristete Stellen im wissenschaftlichen Bereich unterhalb der Professur ist Deutschland – zumindest in den Sozialwissenschaften – weit hinter Großbritannien oder Frankreich zurückgefallen, und dies trotz steigender Investitionen in die öffentlich finanzierte Wissenschaft.

5. Sie hatten im letzten Interview über Ihren Traumberuf gesprochen. Welche Eigenschaften sollte Ihr absoluter Traumberuf heute mitbringen?

Die wesentlichen Eigenschaften wie Autonomie und Möglichkeit zur Kreativität würde ich nach wie vor unterstreichen. Vielleicht würde ich die Notwendigkeit eines Mindestmaßes an finanzieller und geographischer Stabilität hinzufügen, welches ich nach zahlreichen Umzügen und Neuanfängen zunehmend zu schätzen weiß.

Interview mit PD Dr. Patrik Velte

Er habilitierte sich im Jahr 2012 an der Universität Hamburg. Seit dem 01.04.2013 ist er als Verwaltungsprofessor für Accounting an der Leuphana Universität Lüneburg tätig und hat vor einigen Wochen einen Ruf auf die Professur für Accounting & Auditing dort angenommen.

1. Für die erste Auflage dieses Buchs hatten Sie freundlicherweise ein Interview über die Postdoc-Phase gegeben. Mittlerweile sind Sie Privatdozent und stehen kurz vor der Berufung als Professor. Was ist in den letzten Jahren beruflich alles bei Ihnen passiert?

Bereits während meiner Zeit als Habilitand hatte ich Vertretungsprofessuren an der Universität Trier und Hamburg für jeweils ein Semester wahrgenommen. Nach dem erfolgreichen Abschluss des Habilitationsprojekts war ich dann als Verwaltungsprofessor an der Leuphana Universität Lüneburg tätig. Vor einiger Zeit wurde mir dann der Ruf auf die Professur dort erteilt, den ich auch kürzlich angenommen habe. Zum Start des neuen Semesters erfolgt dann auch die Bestellung als Professor. Ein wichtiger Meilenstein in der doch langen Ausbildungszeit seit dem Beginn des Studiums.

2. Welche Tipps würden Sie Nachwuchswissenschaftlern, die wie Sie an der Uni Karriere machen möchten, geben?

Aus meiner Einschätzung heraus wird in einer langfristigen Perspektive der klassische Weg zur Professur über den Status als Habilitand zugunsten der Juniorprofessur immer mehr in den Hintergrund rücken. Ursächlich hierfür ist, dass die erfolgreiche Habilitation an sich keine Gewähr bietet, „marktfähig" bei Berufungen zu sein. Von den Nachwuchswissenschaftlern in der BWL werden zusätzlich in den letzten Jahren verstärkt Drittmittelerfahrungen, längere Auslandsaufenthalte bei renommierten

Forschern und hochrangige englischsprachige Journal-Publikationen erwartet. Von daher ist die klassische Monografie als Habilitationsleistung in den Wirtschaftswissenschaften bald ausgestorben. Mit einiger zeitlicher Verzögerung wird sich dies auch für die „Buch-Dissertation" einstellen.

3. Was wird sich Ihrer Meinung nach in den nächsten Jahren für Beschäftigten an Universitäten und FHs ändern?

Es bleibt zunächst mit Spannung abzuwarten, wie der Kampf um das Promotionsrecht bei Fachhochschulen entschieden wird. Durch das Bachelor- und Masterstudium ist allerdings bereits in den letzten Jahren eine starke Annäherung beider Hochschulen in der Lehre in Deutschland festzustellen. Leider werden in den vergangenen Jahren an deutschen Hochschulen verstärkte Einsparungen durchgeführt im sog. „Mittelbau". Eine Vollzeit-finanzierte Stelle als wissenschaftliches Personal im Rahmen der Promotion oder Habilitation zu erlangen, wird deutlich schwieriger. Dies könnte viele Interessierte abschrecken, den akademischen Weg weiterzuverfolgen.

4. Wenn Sie etwas am Hochschulsystem in Deutschland ändern dürften, was würden Sie vorschlagen?

Ich würde zunächst eine deutliche Anhebung des Gehalts für Universitätsprofessoren vorschlagen, denn die Nachjustierungen der „W-Gehälter" sind längst überfällig. In einigen Bundesländern hat man bedingt durch Gerichtsklagen zum Glück schon reagiert. Denn die langen Ausbildungswege sollten zumindest angemessene Kompensationen nach der Berufung bieten. Zudem würde ich die finanziellen Anreize für Nachwuchswissenschaftler erhöhen. Im Rahmen einer Promotion und Habilitation sollten die Kandidaten zumindest jeweils vier Jahre finanziell abgesichert sein und angemessen unterstützt werden bei Auslandsaufenthalten, Konferenzbesuchen und englischsprachigen Veröffentlichungen. Ein (teil)strukturiertes Promotionsstudium sollte an allen Universitäten dem Nachwuchs eine wertvolle Hilfestellung sein.

5. In der ersten Auflage dieses Buchs hatten Sie vor einigen Jahren verraten, dass Sie sich eine Anstellung als Professor „auf Lebenszeit" wünschen. Mittlerweile stehen Sie kurz vor dem Erreichen dieses Traums. Was wünschen Sie sich heute?

Bereits die Tätigkeit als Vertretungs- und Verwaltungsprofessor hat mir gezeigt, dass man mit den zeitlichen Kapazitäten sehr sorgsam umgehen muss. Die häufige Auffassung, ein Universitätsprofessor würde nur Lehre im Hörsaal und Forschung am Schreibtisch betreiben, ist nicht zutreffend. Er ist vielmehr auch aufgefordert, sein Netzwerk zu anderen Forschern und Praktikern im In- und Ausland laufend auszubauen, sodass ein enormes Maß an Reisetätigkeit notwendig ist. Die deutschen Universitätsprofessoren müssen sich insbesondere durch den internationalen Wettbewerb gut vermarkten und stehen im Vergleich zu früher unter einem beträchtlichen Sichtbarkeitsdruck. Dennoch ist die eigenverantwortliche und vielfältige Tätigkeit sowie der generationsübergreifende Austausch mit Studierenden, Forschern und Praktikern ein besonderer Luxus, der einzigartig ist.

Interview mit apl. Prof. Dr.-Ing. habil. Herbert Baaser

Im Jahr 2011 ist er von der TU Darmstadt zum „außerplanmäßigen Professor" für Mechanik berufen worden.

1. **Während unseres ersten Interviews vor einigen Jahren arbeiteten Sie nebenberuflich als Lehrbeauftragter an der FH Bingen und der Dualen Hochschule Baden-Württemberg. Inwiefern hat dieser Nebenjob Ihren Lebensweg seither beeinflusst?**

Ich halte seit 15 Jahren in jedem Semester mindestens eine Vorlesung, im Wechsel an den genannten Hochschulen und der TU Darmstadt, immer sehr eng abgestimmt mit den jeweils aktuellen Wünschen und Gegebenheiten an den jeweiligen Fachgebieten. Für mich sehe ich dies als eine Bereicherung, aber auch „Training" in der Präsentation, in der Kommunikation und letztlich auch ein Stück als ständige (Selbst-)Reflexion.

Wie ein solches Engagement einen Lebensweg beeinflusst, würde man ja nur erkennen, wenn man seinen Weg alternativ in dieser Lebensphase mal ohne Vorlesungen anschauen könnte. Das geht nicht. Jeder Lebensweg ist individuell – ich sehe es aber als Bereicherung für mich ... und die Studierenden hoffentlich auch.

Interview mit Prof. Dr. Oliver Daumke

Er wurde mittlerweile als Professor an die FU Berlin berufen – und führt seine Gruppe als Nachwuchsgruppenleiter von dort aus weiter.

1. Für die erste Auflage dieses Buchs hatten Sie mir als Nachwuchsgruppenleiter ein Interview gegeben. Was ist seitdem beruflich alles bei Ihnen passiert?

Meine Gruppe ist wissenschaftlich gut voran gekommen, und wir konnten einige Arbeiten in renommierten Fachzeitschriften publizieren. Daraufhin wurde mir vom Max-Delbrück-Centrum (MDC) und der Freien Universität Berlin (FU) ein Angebot für eine gemeinsame Berufung als Professor und Gruppenleiter angeboten. Das Angebot habe ich gerne angenommen, da das wissenschaftliche Umfeld am MDC und der FU sehr attraktiv ist und ich mich auch sonst in Berlin sehr wohlfühle. Wir fangen zum Beispiel gerade mit einem neuen EU-geförderten Projekt über die Funktion von Mitochondrien an, den Kraftwerken der Zelle – es ist schon eine spannende Zeit für uns!

2. Wie sieht Ihr Berufsalltag denn heute aus?

Ich bin mehr in verschiedene Universitätsveranstaltungen eingebunden und habe von daher mehr an der FU zu tun, die ja genau am entgegengesetzten Ende vom MDC in Berlin liegt. Außerdem nimmt meine Gutachtertätigkeit zu, für Zeitschriften, Dissertationen und für diverse Forschungsförderorganisationen. Die meiste Zeit bin ich aber nach wie vor am MDC und führe von da aus meine Gruppe.

3. **Welche Tipps können Sie Nachwuchswissenschaftlern heute geben, die sich eine Karriere wie Ihre wünschen?**

Sehr wichtig ist es, ein begeisterndes wissenschaftliches Umfeld für die Doktorarbeit zu suchen. Man muss einfach selber hautnah miterleben, wie aufregend neue Entdeckungen über die Mechanismen der Natur sein können. Und das geht am besten an einem Ort, wo viele interessierte Wissenschaftler zusammenkommen. Es gibt auch immer Zeiten, wo ein Projekt überhaupt nicht vom Fleck kommt, und auch da bekommt man oft mehr Hilfe, wenn viele engagierte Wissenschaftler in nächster Nähe sind. Außerdem sollte man sich für die Themenwahl der Doktorarbeit Zeit lassen und das Projekt im Voraus detailliert mit seinem Betreuer und Kollegen diskutieren. Man sollte sich ein Projekt mit einer wissenschaftlich relevanten Fragestellung heraussuchen, wo noch vieles offen ist. Ich habe mich nach einigem Nachdenken dabei häufig auf mein Bauchgefühl verlassen. Nach der Doktorarbeit hat man dann genug Einblicke gesammelt, um zu entscheiden, ob man in der Wissenschaft weitermachen oder doch lieber eine Stelle woanders suchen möchte.

4. **Würden Sie sagen, dass Sie nun Ihren Traumberuf erreicht haben? Warum/Warum nicht?**

Ich arbeite sehr gerne in meinem Beruf, da habe ich schon die richtige Wahl getroffen. Er ist sehr vielseitig, man beschäftigt sich mit spannenden Themen, trifft interessante Menschen aus der ganzen Welt und langweilig wird es einem nie. Als Professor sitze ich jetzt aber oft am Computer und beurteile die Forschung von anderen oder übernehme organisatorische Aufgaben. Manchmal wäre es schön, wieder etwas Zeit im Labor zu verbringen und selber ein paar Experimente durchzuführen, das gibt es leider immer weniger bei mir.

5. **Was wird sich Ihrer Ansicht nach in den nächsten Jahren für Berufstätige an den Hochschulen verändern?**

Das kann ich schwer beurteilen, da ich ja selber erst seit kurzem an der FU beschäftigt bin und die zukünftige Strategie der Universität nicht genau kenne. Ich hoffe aber, dass es mehr Geld für die Rekrutierung von kleineren, gut ausgestatteten Gruppen geben wird, die eng miteinander verzahnt sind und zusammenarbeiten. Damit kann man laut meiner Erfahrung am besten ein gutes Forschungs- und Lehrumfeld aufbauen.

Interview mit Prof. Dr. Marita Jacob

Sie ist mittlerweile Professorin für Soziologie an der Universität Köln.

1. Seit dem letzten Interview in diesem Buch hat sich bei Ihnen beruflich viel getan. Was ist alles passiert?

Ich wurde im Mai 2011 auf eine Professur für Soziologie an der Universität zu Köln berufen. Ich habe nun einen Lehrstuhl inne mit allen Rechten und Pflichten einer Professorin.

2. Wie sieht aktuell ein typischer Tagesablauf bei Ihnen aus?

Der 'typische' Tagesablauf während der Vorlesungszeit unterscheidet sich von dem eines Tages in der vorlesungsfreien Zeit. Während der Vorlesungszeit dominieren Lehre und Universitätsalltag. In jedem Semester halte ich eine der großen Grundlagenvorlesungen. Auch wenn ich diese Vorlesung bereits einige Male gehalten habe, sind sie bei weitem noch nicht perfekt und ich nehme mir immer noch viel Zeit für die Vorbereitung. Zurzeit probiere ich immer wieder Methoden aktivierenden und interaktiven Lernens aus, was von den Studierenden trotz oder gerade wegen der Massenveranstaltung gut angenommen wird. Daneben führe ich Seminare für Bachelorstudierende und Forschungsseminare für Masterstudierende an. Zur Lehre gehört auch die Betreuung von Abschlussarbeiten. Während der Vorlesungszeit finden häufig Gremiensitzungen statt, die vorbereitet werden müssen und aus denen sich in der Regel weitere Aufgaben ergeben. Während des Semesters ist daher die Zeit für eigene Forschung eher knapp — Forschung findet aber immerhin indirekt über die Betreuung von Doktoranden oder das Erstellen von Gutachten für Publikationen und Projektanträge statt. In den Semesterferien verschiebt sich die Gewichtung, dann rückt die Forschung nach vorn. Etwas Alltagsgeschäft bleibt aber auch in den Semesterferien zu erledigen, aber es gibt doch immer wieder die notwendige Ruhe und Muße, die ich zum konzentrierten Nachdenken und systematischen Ausarbeiten brauche.

3. In unserem letzten Interview hatten Sie die Entwicklung der Juniorprofessur sehr positiv eingeschätzt - Ihre eigene Karriere seitdem erweckt den Eindruck, dass Ihre Einschätzung richtig war. Würden Sie die Juniorprofessur trotz des meist fehlenden Tenure-Track auch heute noch so positiv bewerten?

Die damals genannten Vorteile einer Juniorprofessur vor allem die Eigenständigkeit und Entwicklungsmöglichkeiten möchte ich in meiner Laufbahn nicht missen. Die Herausforderungen sind allerdings auch nicht zu leugnen und erforderten viel Kraft und Ausdauer. Ob und inwiefern eine Juniorprofessur im Vergleich zu anderen Qualifikationswegen in der Wissenschaft der 'richtige' Weg ist, lässt sich vorab nicht beurteilen. Gerade weil ich einen Ruf auf eine Professur erhalten habe, ist mir sehr deutlich geworden, wie wenig vorhersehbar eine Karriere in der Wissenschaft ist: Auch der allerbeste Juniorprofessor, Habilitant oder Nachwuchswissenschaftler kann nur dann Professor werden, wenn eine geeignete Stelle im richtigen Moment zur Verfügung steht. Ein Tenure Track verschiebt die Bedeutung der Opportunitätsstruktur nach vorn, allerdings ist ein Tenure in der Regel kein Automatismus, sondern wird 'gewährt' und das wiederum kann ganz eigene Dynamiken entwickeln.

4. Wie schätzen Sie die Berufschancen für Nachwuchswissenschaftler in den kommenden Jahren ein?

Im Prinzip lassen sich die Chancen von Nachwuchswissenschaftlern – auf eine Professur – direkt berechnen: Man braucht sich nur die Altersstruktur der derzeitigen (Lebenszeit-)Professoren anzuschauen, und kann damit ungefähr abschätzen, sieht wie viele Professoren wann in Pension gehen. Diese Prognose ist aus verschiedenen Gründen unzuverlässig, denn ob und welche Stellen tatsächlich wieder besetzt werden, ob neue Professuren geschaffen werden oder ob zukünftig andere unbefristete Stellen an den Hochschulen entstehen, entscheiden die Hochschulen und die Bildungspolitik.

5. Haben Sie persönlich Ihren Traumjob mittlerweile erreicht? Warum?/Warum nicht?

Ja, mit meiner Professur für Soziologie an einem renommierten soziologischen Institut mit hervorragenden Bedingungen für Forschung und Lehre habe ich meinen Traumberuf erreicht. Ich bin gerne und mit Leidenschaft Professorin.

Interview mit Prof. Dr. Dr. Georg Schneider

Er hat seit dem letzten Interview 2010 u. a. zwei Rufe (an die Universität Mannheim und die Universität Bern) erhalten.

1. **Seit dem letzten Interview in diesem Buch sind einige Jahre ergangen. Was hat sich an Ihrem Arbeitsalltag verändert?**

Ich konnte einige wissenschaftliche Erfolge in Form von hochkarätigen wissenschaftlichen Publikationen erzielen. Dies hat sich auch in zwei Rufen, die ich erhalten habe, niedergeschlagen (Universität Mannheim und Universität Bern). Das hat aber den Arbeitsalltag nicht wesentlich verändert. Einzig meine Mitgliedschaft im Senat, die ich als äußerst spannende Aufgabe empfinde, hat dazu geführt, dass ich mehr Zeit für Gremientätigkeit aufwende.

2. **Wie sieht aktuell ein typischer Tagesablauf bei Ihnen aus?**

Den gibt es nicht. An einem Tag beschäftige ich mich mit Universitätspolitik im Rahmen meiner Senatsmitgliedschaft und an anderen Tagen forsche ich. An anderen Tagen halte ich hauptsächlich Lehre – teilweise im Audimax vor 650 Studentinnen und Studenten.

3. **Was würden Sie einem talentierten Nachwuchswissenschaftler raten, der an der Universität Karriere machen möchte, aber nicht sicher ist, ob er das Risiko einer oft längeren unsicheren Beschäftigungssituation eingehen soll?**

Das Wichtigste ist Interesse. Auch sollte man sehr sensibel in Bezug auf die persönliche Selbsteinschätzung sein und sich ehrlich die Frage beantworten, ob man konkurrenzfähig ist. Man darf auch nicht die Bedeutung von Netzwerken unterschätzen.

4. Würden Sie sagen, dass Sie heute Ihren Traumjob erreicht haben? (Warum?/Warum nicht?)

Es wäre fast traurig, wenn man mit Anfang 30 schon dort ist, wo man immer hinwollte. Eine Professur ermöglicht, in der Forschung und bei anderen Zielen höheres anzustreben. Insofern kann man aber durchaus von einem Traumjob sprechen – aber eben nicht um sich zu Ruhe zu setzen, sondern um sich weiterzuentwickeln.

Interview mit Prof. Dr. Dr. Ann-Kristin Achleitner

Prof. Dr. Dr. Ann-Kristin Achleitner ist seit 2001 Inhaberin des Lehrstuhls für Entrepreneurial Finance, unterstützt durch die KfW Bankengruppe und Wissenschaftliche Co-Direktorin des Center for Entrepreneurial and Financial Studies (CEFS) an der Technischen Universität München.

1. Frau Achleitner, Ihr erstes Interview in diesem Buch ist nun schon einige Jahre her: Haben sie mittlerweile eigentlich mehr weibliche Kolleginnen an der TU München?

Glücklicherweise hat sich hier in den vergangenen Jahren viel getan. Die TU München konnte verstärkt Frauen rekrutieren und hat sehr erfolgreich Lehrstühle auch weiblich besetzt. Von daher habe ich deutlich mehr Kolleginnen, auch im direkten Umfeld, und das genieße ich. Davon abgesehen sind natürlich auch am Lehrstuhl viele Mitarbeiterinnen – der ist ja mein direktes Umfeld, das auch wichtig ist. Hier mussten wir bei der Rekrutierung sogar schon darauf achten, dass wir auch genug männliche Mitarbeiter haben. Persönlich ist mir das wichtig, da ich gemischte Teams am besten finde – und da gehören Männer wie Frauen gleichermaßen dazu. Das trägt aus meiner Sicht maßgeblich zu Arbeitsleistung und Arbeitsklima bei.

2 Würden Sie heute sagen, dass Sie es in Ihrer Uni-Karriere dadurch schwerer hatten, dass Sie eine Frau sind?

Wenn ich die Frage aus Sicht der letzten 10 Jahre beantworte, so hatte ich es sicher als Frau nicht schwerer an der Universität als andere Professoren. Eine Herausforderung kann es aber zum Beispiel sein, manchmal auch Grenzen zu setzen. Gerade wenn nicht so viele Frauen in einer Fakultät oder Hochschule präsent sind, sie aber wie eingangs erwähnt zu den Teams einen positiven Beitrag leisten können, wird dazu tendiert, sie für viele Gremien und Aufgaben gewinnen zu wollen. Hier muss man das richtige Maß an eigener Präsenz und Engagement finden. Dieses Problem löst sich aber mit einer zunehmenden Zahl von Kolleginnen. Eine große Herausforderung war hingegen die Tatsache, dass ich auch Familie habe. Hier hat es mir sehr geholfen, dass ich erst auf Antragsteilzeit und dann Familienteilzeit gehen konnte. Dabei hat mich die hiesige Personalabteilung wirklich sehr unterstützt, die verschiedenen, durchaus sehr guten Arbeitsplatzmodelle zu verstehen.

3. Warum besetzen immer noch so wenige Frauen Professorenämter?

Es sind ja nach wie vor relativ wenige Frauen in Führungsfunktionen tätig – da macht die Universität keine Ausnahme. Hinzu kommt im universitären Umfeld sicherlich, dass die Art der Stellensuche und -zuteilung die Abstimmung zweier Lebensläufe in einer Partnerschaft erschweren kann. Gerade die Anforderungen einer großen örtlichen Flexibilität sowie die zum Teil lang anhaltende Unsicherheit durch befristete Verträge und lange Zyklen in der Wissenschaft tragen dazu bei, dass sich viele diesen Schritt sehr gründlich überlegen.

4. Welche Maßnahmen wären nötig, um die Frauenquote an den Hochschulen noch weiter aufzubessern?

Ein Kernthema ist und bleibt die Kinderbetreuung, um die Vereinbarkeit von Familie mit der Tätigkeit an der Universität zu verbessern. Hier hat sich viel getan, aber eine verlässliche und vor allem auch qualitativ hochwertige Betreuung steht noch nicht flächendeckend zur Verfügung. Allerdings sollte man nicht unterschätzen, wie wichtig einfach die grundsätzliche Einstellung einer Institution und ihrer Menschen zur Familienfreundlichkeit ist – das wirkt sich dann automatisch auf Terminfindungen und viele andere Fragen bei der täglichen Arbeitsorganisation aus. Insofern helfen die angesprochenen grundsätzlichen Möglichkeiten, die ich auch genutzt habe, es ist jedoch auch nötig, eine familienfreundliche Kultur im engeren Umfeld zu haben.

Anhang D: Weiterführende Adressen und Websites

Informationen zur Karriere als Wissenschaftler allgemein

Der Deutsche Hochschulverband bringt alle paar Jahre ein aktualisiertes Handbuch für den wissenschaftlichen Nachwuchs heraus. Dort finden Sie ein Sammelsurium an Artikeln zu den Neuigkeiten auf dem wissenschaftlichen Stellenmarkt. DHV (Hrsg.): Handbuch für den wissenschaftlichen Nachwuchs. Bonn, 2013. 550 Seiten.

Hier finden Sie die wichtigsten und aktuellsten Neuigkeiten auf dem Markt der Wissenschaft online: www.kisswin.de

Informationen zur studentischen Hilfskraft

Alles, was Sie zum Hiwi-Job wissen müssen, hat die GEW in der keineswegs beschönigenden Broschüre „Traumjob HiWi" zusammengefasst, die Sie auch im Internet herunterladen können:

www2.studiberatung-potsdam.de/uploads/stud_beschaef_folder.pdf

Einen Ratgeber der GEW für studentische Hilfskräfte können Sie sich kostenlos downloaden auf: https://www.gew.de/Binaries/Binary78539/Ratgeber+Hiwis.pdf

Informationen rund um das Stipendium

Max-Alexander Borreck: das Insider-Dossier. Der Weg zum Stipendium. 2. Auflage. squeaker.net GmbH, 2011.

Interessant ist ein Besuch der Webseite des DAAD. Hier gibt es eine umfassende Stipendiendatenbank, die Sie auch auf kleinere Förderer aufmerksam macht: www.daad.de.

Ein Muss für alle, die auf der Suche nach einem Stipendium sind, ist ein Blick auf http://www.deutschlandstipendium.de

Eine Übersicht über die Begabtenförderungswerke und deren Leistungen finden Sie außerdem im Internet auf: www.stipendiumplus.de/

Für Studenten, die bereits eine abgeschlossene Berufsausbildung vorzuweisen haben, ist dieser Link interessant: www.begabtenfoerderung.de

Die Webseite des Bundesverbands Deutscher Stiftungen: www.stiftungen.org

Im Folgenden finden Sie die Adressen der vom BMBF geförderten Begabtenförderungswerke:

Studienstiftung des deutschen Volkes e. V.
Ahrstraße 41
53175 Bonn
Germany
Telefon +49 (0) 228 82096-0
Telefax +49 (0) 228 82096-103
www.studienstiftung.de
info@studienstiftung.de

Konrad-Adenauer-Stiftung e.V.
Abteilungsleiter Deutsche Studentenförderung
Dr. Frank Müller
Rathausallee 12
53757 Sankt Augustin
Tel. +49 (0) 2241 246-0
Fax +49 (0) 2241 246-52423
www.kas.de
zentrale@kas.de

Friedrich-Ebert-Stiftung
Abteilung Studienförderung
Godesberger Allee 149
53175 Bonn
Tel.: +49 (0) 228 883 8000
Fax: + 49 (0) 228 883 9225
www.fes.de
stipendien@fes.de

Hans-Böckler-Stiftung
Hans-Böckler-Straße 39
40476 Düsseldorf
Tel.: +49 (0) 211 7778 0
Fax: +49 (0) 211 7778 120
www.boeckler.de
zentrale@boeckler.de

Stiftung der Deutschen Wirtschaft
im Haus der Deutschen Wirtschaft
Breite Straße 29
10178 Berlin
Tel.: +49 (0) 30 2033 15 40
Fax: +49 (0) 30 2033 15 55
www.sdw.org
sdw@sdw.org

Evangelisches Studienwerk e.V.
Iserlohner Straße 25
58239 Schwerte
Tel.: +49 (0) 2304 755 196
Fax: +49 (0) 2304 755 250
www.evstudienwerk.de
info@evstudienwerk.de

Cusanuswerk
Geschäftsstelle
Baumschulallee 5
53115 Bonn
Tel: +49 (0) 228 983 84 0
Fax: +49 (0) 228 983 84 99
www.cusanuswerk.de
info@cusanuswerk.de

Friedrich-Naumann-Stiftung für die Freiheit
Karl-Marx-Straße 2
14482 Potsdam
Tel. +49 (0) 331 7019 0
Fax +49 (0) 331 7019 188
www.fnst-freiheit.org
info@freiheit.org

Hanns-Seidel-Stiftung e.V.
Lazarettstraße 33
80636 München
Tel. +49 (0) 89 1258 0
Fax: +49 (0) 89 1258 356
www.hss.de
info@hss.de

Heinrich-Böll-Stiftung e.V.
Schumannstr. 8
10117 Berlin
Tel.: +49 (0) 30 285 34 0
Fax: +49 (0) 30 285 34 109
www.boell.de
info@boell.de

Rosa-Luxemburg-Stiftung
Gesellschaftsanalyse und politische Bildung e.V.
Franz-Mehring Platz 1
10243 Berlin
Telefon: +49 (0) 30 44310 0
Fax: +49 (0) 30 44310222
www.rosalux.de
info@rosalux.de

Avicenna-Studienwerk
Kamp 81/83
49074 Osnabrück
Telefon: +49 (0) 541 440 113-04
www.avicenna-studienwerk.de
info@avicenna-studienwerk.de

Ernst Ludwig Ehrlich Studienwerk e.V.
Postfach 120855
10598 Berlin
Telefon: +49 (0) 30 3199 8170-0
Telefax: +49 (0) 30 3199 8170-20
www.eles-studienwerk.de
info@eles-studienwerk.de

Weitere wichtige Förderinstitutionen, insbesondere für Auslandsstipendien:

Erasmus: https://eu.daad.de/erasmus/de

Fulbright-Komission: www.fulbright.de
Alexander von Humboldt Stiftung: www.humboldt-foundation.de/web/start.html

Informationen zur Promotion

Ein umfassendes und sehr unterhaltsam geschriebenes Buch zur Promotion, (nicht nur) für Juristen interessant, ist Ingo von Münch: Promotion. In der 4. Auflage überarbeitet von Peter Mankowski. Mohr Siebeck, 2013. 295 Seiten.

Dieser Promotionsratgeber richtet sich an Promovierende aller Disziplinen und begleitet den Doktoranden von Anfang bis Ende seines Promotionsvorhabens. Steffen Stock (Hrsg. u. a.): Erfolgreich promovieren. Ein Ratgeber von Promovierten für Promovierende. 3. Auflage. Springer Gabler, 2013. 396 Seiten.

Das wichtigste Netzwerk von und für Promovierende und Promovierte: https://ssl.thesis.de

Einen guten Einblick rund um die Promotion bekommen Sie hier: www.doktorandenforum.de

Hilfreich ist auch das Promotionshandbuch der GEW: Grünauer Franziska u. a. (Hrsg.): GEW Handbuch. Promovieren mit Perspektive. 2. Auflage. Bertelsmann, 2012.

Eine regelmäßig aktualisierte Liste aller bestehenden Graduiertenkollegs finden Sie auf der Webseite der DFG: http://www.dfg.de/foerderung/programme/koordinierte_programme/graduiertenkollegs/index.html

Zu Promotionsstipendien für Frauen mit FH-Abschluss erfahren Sie mehr auf: http://www.frauen-fh.de/frauenprogramme/stipendien/promotion.html

Wenn die Veröffentlichung im Verlag nicht gelingt, kann books on demand eine gute und günstige Alternative sein. Im Internet zu finden auf www.bod.de.

Aufschlussreicher Artikel über Postdoc-Wege in die Forschung: www.academics.de/wissenschaft/postdoc_wege_in_die_forschung_36413.html

Nachwuchsförderung nach der Promotion beim DFG:

http://www.dfg.de/foerderung/programme/index.jsp

Informationen zu Stellen als Nachwuchsgruppenleiter

Die wichtigsten Adressen für Nachwuchsgruppenleiter und solche, die es werden wollen:

Deutsche Forschungsgemeinschaft
Kennedyallee 40
53175 Bonn
Tel.: +49 (0) 228 885 1
Fax: +49 (0) 228 885 2777
www.dfg.de
postmaster@dfg.de

Max-Planck-Gesellschaft
Hofgartenstraße 8
80539 München
Tel: +49 (0) 89 2108 0
Fax: +49 (0) 89 2108 1111
www.mpg.de
post@gv.mpg.de

Helmholtz-Gemeinschaft
Anna-Louisa-Karsch-Straße 2
10178 Berlin
Tel: +49 (0) 30 206 329 0
Fax: +49 (0) 30 206 329 65
www.helmholtz.de
org@helmholtz.de

Informationen zum Emmy Noether-Programm erhalten Sie auf http://www.dfg.de/foerderung/programme/einzelfoerderung/emmy_noether

Informationen zur Juniorprofessur

Wichtige Informationen zur aktuellen Situation der Juniorprofessoren finden Sie auf http://www.che.de/cms/?getObject=5&getLang=de

Die Deutsche Gesellschaft Juniorprofessur gibt weitere Recherche-Tipps und beantwortet Ihre Fragen: www.juniorprofessur.com

Informationen zur wissenschaftlichen Stellensuche

Die meisten Stellen in der Wissenschaft werden international ausgeschrieben. Durchforsten Sie überregionale Zeitungen, insbesondere den „ZEIT"-Stellenmarkt sowie Fachzeitschriften.

Der größte Online-Stellenmarkt der Wissenschaft: www.academics.de

Die erste weltweite Online-Jobbörse für Postdocs: www.postdocjobs.com

Informationen zum Einwerben von Drittmitteln

Die wichtigsten Adressen für Förderungen:

Deutsche Forschungsgemeinschaft
Kennedyallee 40
53175 Bonn
Tel.: +49 (0) 228 885 1
Fax: +49 (0) 228 885 2777
www.dfg.de
postmaster@dfg.de

Alexander von Humboldt-Stiftung
Jean-Paul-Str. 12
53173 Bonn
Tel.: +49 (0) 228 833 0
Fax: +49 (0) 228 833199
www.humboldt-foundation.de
info@avh.de

Ein Merkblatt zum Feodor Lynen-Forschungsstipendium der Alexander von Humboldt-Stiftung finden Sie hier: http://www.humboldt-foundation.de/pls/web/docs/F27762/flf_richtlinien.pdf

Deutscher Akademischer Austausch Dienst
Kennedyallee 50
53175 Bonn
Tel.: +49 (0) 228 882 0
Fax: +49 (0) 228 882 444
www.daad.de
postmaster@daad.de

VolkswagenStiftung
Kastanienallee 35
30519 Hannover
Tel.: +49 (0) 511 8381 0
Fax: +49 (0) 511 8381 344
www.volkswagenstiftung.de
info@volkswagenstiftung.de
Aktuelle Broschüre zur Lichtenberg Professur der Volkswagenstiftung: www.volkswagenstiftung.de/fileadmin/downloads/merkblaetter/MB_79_d.pdf

Deutsche Akademie der Naturforscher Leopoldina
Postfach 110543
06019 Halle/Saale
Telefon: +49 (0) 345 472 39 0
Telefax: +49 (0) 345 4 72 39 19
www.leopoldina-halle.de
leopoldina@leopoldina-halle.de

Marie Curie Actions
cordis.europa.eu/fp7/people/home_en.html
Human Frontier Science Program
www.hfsp.org/about/AboutProg.php

Informationen zu speziellen Förderprogrammen für Frauen an der Hochschule

Der im Interview 2010 von Frau Prof. Dr. Dr. Achleitner empfohlene Führer: Beruf und Familie (Hrsg.): Standortvorteil: familiengerechte Hochschule. Spezifische Lösungen für die familiengerechte Gestaltung der Arbeits- und Studienbedingungen an deutschen Hochschulen. Frankfurt am Main, 2008. Online finden Sie den Führer unter: www.beruf-und-familie.de/system/cms/data/dl_data/41cff8fbe6b180740836afae4b0ee0db/fuer_die_praxis_02_hochschule.pdf

Femtec. Hochschulkarrierezentrum für Frauen Berlin GmbH
Straße des 17. Juni 135
10623 Berlin
Tel: +49 (0) 30 314 26920
Fax: +49 (0) 30 314 73398
www.femtec.org
info@femtec.org

Kompetenzzentrum Technik-Diversity-Chancengleichheit e.V.
Wilhelm-Bertelsmann-Straße 10
33602 Bielefeld
Tel.: +49 (0) 521 329 821 64
Fax +49 (0) 521 106 71 71
www.komm-mach-mint.de
info@kompetenzz.de

Literaturverzeichnis

Berning, Ewald: Die Habilitation ersatzlos abschaffen? Ergebnisse einer Studie zum Habilitationswesen in Bayern. In: Birgit Ufermann (Redaktion): Handbuch für den wissenschaftlichen Nachwuchs. 9. Auflage. Bonn, 2009. Anm. zur 2. Auflage: Mittlerweile ist das „Handbuch für den wissenschaftlichen Nachwuchs" in der 11. Auflage, 2013.

Beruf und Familie (Hrsg.): Standortvorteil : familiengerechte Hochschule. Spezifische Lösungen für die familiengerechte Gestaltung der Arbeits- und Studienbedingungen an deutschen Hochschulen. Frankfurt am Main, 2008.

BMBF/DFG (Hrsg.): Karrierewege in Wissenschaft und Forschung. Konferenz 4. und 5. Oktober 2006. Berlin, 2006.

BMBF (Hrsg.): Studiensituation und studentische Orientierungen. 11. Studierendensurvey an Universitäten und Fachhochschulen. Bonn, Berlin, 2010.

BMBF (Hrsg.): Bundesbericht zur Förderung des Wissenschaftlichen Nachwuchses (BuWiN). Bonn, Berlin, 2013.

BMBF (Hrsg.): Exzellenz und Chancengerechtigkeit. Das Professorinnenprogramm des Bundes und der Länder. Berlin, 2012.

Borreck, Max-Alexander: das Insider-Dossier. Der Weg zum Stipendium. 2. Auflage. squeaker.net GmbH, 2011.

Brenner, Michael: Der freieste Hochschullehrer. Die rechtliche Stellung des Privatdozenten. In: Birgit Ufermann (Redaktion): Handbuch für den wissenschaftlichen Nachwuchs. 9. Auflage. Bonn, Deutscher Hochschulverband, 2009. Anm. zur 2. Auflage: Mittlerweile ist das „Handbuch für den wissenschaftlichen Nachwuchs" in der 11. Auflage, 2013.

DHV (Hrsg.): Handbuch für den wissenschaftlichen Nachwuchs. Bonn, 2013.

DHV (Hrsg.): Die Juniorprofessur. Eine Dokumentation (Weißbuch). Bonn, 2002.

Gemeinsame Wissenschaftskonferenz (GWK) (Hrsg.): Chancengleichheit in Wissenschaft und Forschung. 16. Fortschreibung des Datenmaterials (2010/2011) zu Frauen in Hochschulen und außerhochschulischen Forschungseinrichtungen. Bonn, 2012.

Färber, Christine, Riedler, Ute: Blackbox Berufung. Strategien auf dem Weg zur Professur. Campus, 2011.

Federkeil, Gero/Buch, Florian: Fünf Jahre Juniorprofessur – Zweite CHE-Befragung zum Stand der Einführung. Gütersloh, CHE Centrum für Hochschulentwicklung GmbH, 2007.

Expertenkommission Forschung und Innovation: Gutachten zu Forschung, Innovation und technologischer Leistungsfähigkeit Deutschlands, 2014.

Grünauer Franziska u. a. (Hrsg.): GEW Handbuch. Promovieren mit Perspektive. 2. Auflage. Bertelsmann, 2012.

HRK/DAAD (Hrsg.): Länderinformationen USA 2013. Bonn, Juni 2013.

Knauf, Helen: Tutorenhandbuch. Einführung in die Tutorenarbeit. Bielefeld, 2000.

Müller, Vera: Wissenschaft als riskante Berufskarriere. Ergebnisse des ersten Bundesberichts zur Lage des wissenschaftlichen Nachwuchses. In: DHV(Hrsg.): Forschung & Lehre. Bonn, 2008

von Münch, Ingo: Promotion. In der 4. Auflage überarbeitet von Peter Mankowski. Tübingen, 2013.

Prußki, Christine: Nachwuchswissenschaftler in Deutschland. Wie geht es Ihnen, Dr. Unsichtbar? In: DUZ Magazin 02/08, 22.02.2008.

Reinhardt, Anke: Auf dem Weg zur Professur – Das Emmy Noether-Programm der DFG. Zentrale Befunde der Evaluation eines Nachwuchsförderungsprogramms der DFG. Bonn, 2008.

Rössel, Jörg, Landfester, Katharina: Die Juniorprofessur und das Emmy Noether-Programm. Eine vergleichende Evaluationsstudie. Arbeitsgruppe Wissenschaftspolitik der Jungen Akademie an der Berlin-Brandenburgischen Akademie der Wissenschaften und der Deutschen Akademie der Naturforscher Leopoldina. Berlin, 2004.

Stock, Steffen (Hrsg. u. a.): Erfolgreich promovieren. Ein Ratgeber von Promovierten für Promovierende. 3. Auflage. Springer Gabler, 2013.

Die Autorin

Regine Rompa, geboren 1981, studierte Germanistik, Philosophie/Ethik und Politikwissenschaft an den Universitäten Erlangen/Nürnberg und Heidelberg. Anschließend arbeitete sie in der Redaktion eines Zeitschriftenverlages sowie im Lektorat eines Kinder- und Jugendbuchverlages. Seit Anfang 2009 ist sie als freie Autorin in verschiedenen Bereichen tätig. Sie lebt mit ihrem Freund und ihrem Hund in Berlin.
www.Regine-Rompa.de